CLAUDIA FILKER (HG.)
ES IST GENUG!

Claudia Filker (Hg.)

Es ist genug!

Wie Christen ihr
Burn-out erleben
und überwinden

neukirchener
aussaat

Bibliografische Information der Deutschen Nationalbibliothek

Die Deutsche Nationalbibliothek verzeichnet diese Publikation in der
Deutschen Nationalbibliografie; detaillierte bibliografische Daten
sind im Internet über http://dnb.d-nb.de abrufbar.

© 2013 Neukirchener Verlagsgesellschaft mbH, Neukirchen-Vluyn
Alle Rechte vorbehalten
Umschlaggestaltung: braunwerbeagentur, Stefanie Braun, Radevormwald,
unter Verwendung zweier Fotos von © iStockphoto.com
Lektorat: Hanna Schott, Haan
Alle Fotos © privat; S. 45: „Pause" © table/Photocase.com; S. 93: „Weite Welt"
© chhunz/Photocase.com.
Der Beitrag von Ulrich Giesekus erschien zuerst im „P & S Magazin für Psycho-
therapie und Seelsorge" 4/2012, SCM Bundes-Verlag, Witten.
DTP: Breklumer Print-Service, Breklum
Verwendete Schriften: Futura, Adobe Garamond Pro
Gesamtherstellung: CPI – Ebner & Spiegel, Ulm
Printed in Germany
ISBN 978-3-7615-6064-8 Print
ISBN 978-3-7615-6065-5 E-Book

www.neukirchener-verlage.de

INHALT

WANN HABEN SIE DAS LETZTE MAL GEDACHT ...
Claudia Filker

Wann haben Sie das letzte Mal gedacht: „Es ist mir alles zu viel" – „Die Aufgaben wachsen mir über den Kopf" – „Ich habe Elan und Freude an meinen Aufgaben verloren" – „Lasst mich doch alle in Ruhe" – „Ihr könnt mir mal den Buckel runterrutschen"?

Jeder dieser Sätze kommen aus dem Mund eines Autors oder einer Autorin dieses Buchs. Es sind typische Burnout-Seufzer.

Vielleicht sind es nicht Ihre Sätze, aber Sie kennen diese Worte nur zu gut aus dem Mund Ihres Partners, eines guten Freundes, der Kollegin, mit der Sie schon lange im Gespräch sind. Sie machen sich Sorgen: „Hat mein Mann etwa ein Burn-out? Oder sehe ich nur Gespenster, weil Burn-out in aller Munde ist?!"

Machen Sie mit diesem Buch Ihre persönliche Entdeckungsreise. Auch und gerade, wenn Sie sich fragen, ob das Burn-out-Syndrom überhaupt eine Krankheit ist oder doch nur ein Modewort. Sie werden Menschen begegnen, die versuchen, ein Phänomen zu beschreiben, das auch Krankenkassen und Versicherungsanstalten inzwischen ernste Sorgen macht: das Gefühl einer großen Erschöpfung. „Es geht nicht mehr!" – „Ich schaffe es nicht!"

Menschen mit Burn-out-Erfahrungen erzählen in diesem Buch

ihre ganz persönliche (Leidens-)Geschichte: wie sie in einen Burn-out hinein- und – zu ihrem großen Glück – auch wieder herauskamen.

Geschichten anderer sind ein Fenster ins Leben. In das Leben einer Person, die den Mut gefunden hat, andere in ihr Leben hineinschauen zu lassen. Den Mut, ehrlich zu werden, zu erzählen, was falsch gelaufen ist, manchmal jahrzehntelang. Solche Geschichten öffnen aber auch ein Fenster in das Leben dessen, der sie liest. Da wird ein Blick möglich, der zu Aha-Erlebnissen verhilft: „Dass so jemand krank wird, hätte ich nie gedacht!", oder: „Das kommt mir aber bekannt vor!" Der Leser erfährt von körperlichen und seelischen Problemen: von Enge in der Brust, Angstzuständen, Schlafstörungen, Schweißausbrüchen beim Klingeln des Telefons und von dem Gefühl, getrieben zu sein. „Manche inneren Antreiber kommen fromm daher." Das sind die freimütigen Worte einer Diakonisse. Ja, sagen wir es gleich zu Beginn ganz ehrlich: Vielleicht ist es sogar so, dass falsch verstandener Glaube manchmal krank macht. „Gott war der kontrollierende Vorgesetzte, der zu neuen Hochleistungen mahnt", schreibt eine Autorin, die schon von Berufs wegen glauben musste – keine ungefährliche Angelegenheit, wie auch aus anderen Beiträgen zu erfahren ist.

Die Frauen und Männer, die hier schreiben, haben nicht nur falsches Denken und eingefahrene Gewohnheiten, sondern auch ihren Glauben auf den Prüfstand gestellt und lassen uns nun am Ergebnis Anteil nehmen. Lernen am Modell. Die Geschichten können Warnschilder vor dem gefährlichen Abgrund sein.

Und das Beste: Fast alle Autoren und Autorinnen haben schon wieder eine lange Strecke im „Danach" zurückgelegt. Manch ein durchlittener Burn-out liegt bei einigen Autoren sogar Jahrzehnte zurück. Selbstkritisch fragen sie sich: „Welche Veränderung habe ich langfristig durchgehalten?" Im Tiefsten geht es bei der Burn-out-Therapie und -Prävention ja darum, ob ein Mensch aus alten Mustern aussteigen kann. Diese Erkenntnis findet sich in allen Beiträgen: Falsches Denken führt zu falschem Handeln, in falsche Lebensmuster und macht am Ende krank. Äußere Dinge wie pflegebedürftige Angehörige, Überlastung im Beruf, die vielbeschworene Schnelllebigkeit unserer Zeit, die Sehnsucht nach einem Partner kommen hinzu, sind aber nicht die eigentlichen Verursacher.

Ein Grundmuster lautet: „Ich bin, was ich leiste. Ich bin, was ich darstelle. Ich bin, was andere über mich denken." Diese „Glaubenssätze" finden sich in Abwandlung in nahezu allen Beiträgen. Dementsprechend breitet sich die Angst aus, nicht zu genügen. Gern will man es allen recht machen. Und nur das Beste ist gerade gut genug. Um von diesem Muster loszukommen, bleiben niemandem schmerzhafte Selbsterkenntnisprozesse erspart. Aber so werden Lebenslügen entlarvt, die Lust und Leidenschaft aus dem Leben vertrieben haben, sodass nur noch Pflicht und Anstrengung den Ton angaben. Es ist sehr mutig, wenn erfolgsverwöhnte Männer gestehen: „Ich war von Anerkennungssucht geplagt, und das hat mich krank gemacht."

Dieses Buch hat eine Botschaft: Es geht auch anders. Veränderung ist möglich. Es gibt nicht den „Schalter", der sich „einfach umlegen" lässt, aber es können neue „Leitungen" gelegt werden. „Es ist so hart, der Wahrheit ins Auge zu sehen!", sagt ein Autor. Aber es lohnt sich. Sich selbst auf die Spur zu kommen ist möglich, Umdenken und Umlernen auch. Es ist faszinierend zu lesen, wie oft die Autoren und Autorinnen in ihren Beiträgen erzählen, dass sie nicht nur sich selbst, sondern auch Gott und den Glauben neu entdeckt haben.

Nicht zuletzt verraten die Betroffenen auch Strategien für das „andere Leben": was ihnen ganz persönlich geholfen hat, wie sie das neue, andere Denken ganz praktisch in ihren Alltag eingebaut haben.

Umrahmt werden die Beiträge von Fachartikeln: Andreas v. Heyl betrachtet das Phänomen Burn-out aus wissenschaftlicher Sicht. Gisela Ana Cöppicus Lichtsteiner zeichnet in ihrem Beitrag die Geschichte einer Burn-out-Therapie nach – aus ihrer Sicht als Psychotherapeutin. Ulrich Giesekus schließlich bringt einen unerwarteten Aspekt ein: Er spricht vom Bore-out – dem Langeweilekollaps, dem Krankwerden durch Unterforderung. Denn auch ein Zuwenig kann unerträglich werden.

Ich danke allen Frauen und Männern, die ein Fenster in ihr Leben geöffnet haben. Ihnen verdanken wir diese Sammlung von Geschichten, die Mut machen.

„SIE SOLLTEN IHR LEBEN ÜBERDENKEN!"
Thomas Härry

Thomas Härry, Jahrgang 1965, lebt mit seiner Familie in Aarau und ist Dozent am Theologisch-Diakonischen Seminar, Schweizer Redakteur der Zeitschrift AUFATMEN und Autor mehrerer Bücher, darunter „Echt und stark: Kraftvoll glauben – Tiefgang gewinnen" (SCM R. Brockhaus Verlag).

Als knapp Zwölfjähriger besuche ich mein erstes Ski-Sportlager in den Schweizer Bergen. Am ersten Tag werden wir in Leistungsgruppen eingeteilt. Gruppe eins: sehr gute Skifahrer, Gruppe vier: Anfänger; der Rest dazwischen. Wir sollen uns selbst einschätzen. Ich melde mich in Gruppe eins. Nach zwei Tagen Skifahren auf den steilsten Strecken und nach mehreren spektakulären Stürzen meinerseits meint einer der Skilehrer zur Gruppe: „Der Härry fährt schlicht und einfach über seine Verhältnisse hinaus!"

Erst viele Jahre später erinnere ich mich wieder an diesen Satz. Man könnte ihn als Motto über mein Leben als junger Erwachsener stellen: über die eigenen Verhältnisse leben, unbedingt vorne mit dabei sein, Grenzen missachten, sich beweisen, den Temporausch genießen.

Am Anfang geht alles gut. Wie damals im Skilager kann ich mich so durchmogeln, dass ich vorne mithalten kann. Beruflich und privat verwirkliche ich gleich mehrere meiner Träume: theologischer Referent in einer christlichen Schulungsbewegung in der Schweiz, teilzeitlicher Fachdozent an einem Theologischen Seminar, Leben in einer Wohngemeinschaft, Betreuung von strafentlassenen Frauen, Mitarbeit in der örtlichen Kirchgemeinde, berufsbegleitendes theologisches Aufbaustudium in Deutschland. Das alles neben den Herausforderungen eines jungen Familienlebens; meine Frau Karin und ich erwarten gerade unser zweites Kind. Es ist immer etwas los, und ich fühle mich gut.

Ignorierte Warnlampen

Das Blinken der ersten Warnlampen über meinem vollgestopften Leben übersehe und verdränge ich erfolgreich: Bei sportlichen Aktivitäten bremsen mich aufkeimende asthmatische Beschwerden. Der Arzt rät zu einer Medikamentenkur. Ich lehne ab. Es kann doch nicht sein, dass ich mich mit 31 Jahren schon an Medikamente gewöhnen muss! So schnaufe ich weiter die Hügel hinter unserem Haus hoch, bis es nicht mehr geht. Na gut, dann inhalieren wir halt und rennen weiter – auf allen Ebenen.

Schließlich gesellt sich eins zum anderen, ohne dass ich wahrhaben will, dass etwas ernsthaft schiefläuft. An roten Ampeln in der Fußgängerzone Berns werde ich geradezu aggressiv, weil ich so lange auf das grüne Signal warten muss; ich fühle mich auf meinem Hetzgang ins Büro unfair ausgetrickst. Nach vollen Tagen bin ich abends noch voller Tatendrang. Ich kann nicht herunterfahren und den Feierabend genießen. Ich könnte Bäume ausreißen und tue es in gewisser Weise auch: Ich lese bis tief in die Nacht, eigne mir Wissen an, bereite meine Dienste vor und hechte von Termin zu Termin. Während eines Seminars im Vorlesungssaal der Universität Bern fühle ich auf einmal eine beängstigende Enge in der Brust. Ich muss zur Toilette, Wasser trinken, durchatmen. Die Enge geht nicht weg. Immer wieder meldet sie sich in den nächsten Wochen. Dazu kommen Lähmungserscheinungen am linken Arm, Herzrhythmusstörungen, ein immer wiederkehrendes

Jucken am ganzen Körper und schließlich ein inneres Flimmern und Zittern, jedes Mal, wenn ich mein Büro betrete. Regelmäßige, hartnäckige Erkältungen. Mein Schlaf wird oberflächlicher. Oft bin ich schon nach drei Stunden wieder hellwach. Fühle mich total erschlagen und bringe doch kein Auge mehr zu. Und dann kommen Panikattacken. Dämonen der Nacht krallen sich in mir fest, ziehen mich herunter, lassen kleinste Anforderungen des Alltags wie unbezwingbare Überforderung erscheinen. Es folgen Weinkrämpfe und das Gefühl totaler Erschöpfung. Die Angst zu sterben. Ich wehre mich lange gegen die Erkenntnis, die sich nun nicht mehr wegdiskutieren lässt: Ich habe ein ernsthaftes Problem!

Schmerzvolle Suche am Nullpunkt

Zwei Ärzte nehmen mich auseinander – und finden nichts. Ich bin frustriert. Es gibt keinen Knopf, den man drehen kann, damit alles wieder läuft wie vorher und ich weiter durchs Leben rauschen kann. Ein Arzt spricht mich auf mein in Mitleidenschaft gezogenes vegetatives Nervensystem an und meint: „Sie sollten Ihr Leben überdenken!" Was soll ich? Vielleicht sollte mein Arzt das, schließlich bin ich von uns zweien der Christ! Doch nachdem die Verzweiflung und die Erschöpfung immer größer werden, kapituliere ich. Ich melde mich bei einem seelsorglichen Berater und sage ihm: „Helfen Sie mir herauszufinden, was mit mir nicht stimmt. Ich komme allein nicht weiter."

Es folgt eine schmerzvolle Suche nach den inneren Ursachen. Sie führt zur unerbittlichen Enttarnung eines erst knapp über dreißig Jahre alten, fehlgesteuerten jungen Mannes voller Ehrgeiz, Anerkennungssucht und Selbstüberschätzung einerseits und großer innerer Unsicherheit und Minderwertigkeitsgefühle andererseits. Mein Dienst für Gott entpuppt sich in den folgenden Wochen als gut getarnte Alibi-Übung zur Sicherstellung meines Selbstwertes und meiner Zugehörigkeit. Dieses Eingeständnis kostet mich einige Beratungsstunden und bringt mich zeitweise an den Rand der Verzweiflung. Es ist so hart, der Wahrheit ins Auge zu sehen! Mein sorgsam gehütetes, frommes Selbstbild bröckelt und zerfällt zu Staub.

Aufleuchtende Gnade

Mitten in diesem Prozess mache ich eine entscheidende Erfahrung, die mir hilft, die schmerzliche Inventur nicht frustriert abzubrechen.

Ich komme gerade von einem Gespräch zurück, das wieder einmal die fragwürdigen Motive ans Licht brachte, die mich zur Grenzenlosigkeit antreiben. Ich bin frustriert und sage zu Gott: „So kann ich doch nicht weitermachen als Christ und Hauptamtlicher! Mir geht es ja gar nicht um dich, sondern bloß um mich. Ich fühle mich hundeelend und endgültig disqualifiziert!" Mitten in dieses trübe Fischen spricht Gott auf einmal leise, aber eindringlich zu meinem Herzen: „Dich wundert, was da alles hervorkommt. All das Hässliche, Fragwürdige – für dich ist das alles neu. Für mich nicht. Ich kenne es schon, seit es in dir ist, und ich habe mich keinen Moment davon abhalten lassen, dich dennoch zu gebrauchen und dich zu segnen, auch in deiner Arbeit. Und ich werde es weiterhin tun!"

Nie zuvor habe ich Gnade besser verstanden, sie in so leidenschaftlicher Hoffnung umklammert. „Wenn das wahr ist", denke ich, „dann gibt es vielleicht sogar für mich einen Weg und eine Zukunft."

Entscheidende Lektionen

Die kommenden Jahre bezeichne ich gerne als „Reformation meines Herzens". Es ist der langsame, aber stetige Prozess der Neuorientierung, des Umdenkens, Loslassens und Hinter-die-eigenen-Kulissen-Schauens. Es ist das Einüben einer Spiritualität, die es Gott erlaubt, in den Tiefen meiner Seele zu handeln, mich zu berühren, zu verändern. Es ist das Ergreifen und Festhalten der unverdienten und doch rückhaltlosen Zuwendung Gottes. Ich lerne, mein Herz von ihm nähren und beruhigen zu lassen. Lerne, was es heißt, aus Gott zu leben, meinen Anerkennungstank von ihm füllen zu lassen und freier zu werden von der Anerkennung anderer. Übe mich darin, meine Gefühle – gute und fragwürdige – besser wahrzunehmen, zuzulassen, sie vor und mit Gott zu bearbeiten. Die emotionalen Folgen zwischenmenschlicher Schwierigkeiten und Konflikte als solche zu erkennen und dafür Verantwortung zu übernehmen.

Hier entstehen zwei zentrale Lebensthemen, die mich von nun an begleiten: Verantwortung zu übernehmen für meine Situation und nicht andere oder die Umstände anzuklagen. Und Grenzen zu ziehen, Nein zu sagen, ehrlich zu sein. Mir nicht, bloß um jemandem zu gefallen, noch diese oder jene Bürde aufladen zu lassen.

Neben guten Begleitern und neu gewonnen Freunden ist mir meine Frau Karin in dieser Zeit eine enorme Hilfe. Intuitiv findet sie mir gegenüber den guten Mittelweg zwischen Anteilnahme und Distanz. Sie ermutigt mich, mir helfen zu lassen. Sie betet für mich und nimmt mich in den tiefsten Tälern der Verzweiflung in ihre Arme. Sie hält sich zurück mit Kommentaren, Vorhaltungen und klugen Ratschlägen. Gleichzeitig identifiziert sie sich nicht mit meiner Ohnmacht, lässt sich selbst aber nicht vom Sog meiner Verzweiflung mit hinabreißen. Sie findet die Balance zwischen Nähe und Distanz, kann sich selbst und die Kinder schützen. Das hilft mir enorm und zwingt mich zu Eigenverantwortung.

Praktische Hilfestellungen

In der ersten Zeit dieser Neuorientierung helfen mir neben guter fachlicher Begleitung auch eine Handvoll Tricks aus der Kiste bewährter Hausmittel. Ich beginne wieder mit regelmäßigem Sport (und nehme mein Asthma-Medikament). Ich nehme größere Dosen Magnesium zu mir – als Hilfe zur Muskel- und Herzentspannung. Ich verzichte während längerer Zeit auf aufputschenden Kaffee und Grüntee und trinke Kräutertee. Habe ich Mühe mit dem Schlafen, hilft mir Baldrian. Ich schlafe im eigenen Schlafzimmer, damit mich Nebengeräusche nicht so leicht wecken. Ich reduziere meine Arbeitsstunden und beginne, darüber Buch zu führen. So erkenne ich, wann es genug ist. Ich beginne, in meinem Terminkalender auch die Vorbereitungszeiten für Predigten, Seminare und Unterrichtsstunden einzutragen und merke so besser, dass ich nicht ständig zusätzliche Termine annehmen kann. Ich pflege wieder Freundschaften. Ich baue Stilletage und Auszeiten in meine Jahresplanung ein. Ich setze meinem Arbeiten ein Ende, plane den Feierabend bewusst ein und verbiete mir ab 21 Uhr jede Form geistiger Arbeit, weil ich danach selten gut schlafe. Ich kann das nicht immer durchziehen, weil ich zum Beispiel manchmal Abendsitzungen habe, aber ich kann dafür sorgen, dass Ausnahmen Ausnahmen bleiben.

Ich erwäge auch einen beruflichen Wechsel. Einerseits ist da der Wunsch nach einer pastoralen Tätigkeit. Andererseits ahne ich, dass ein solcher Wechsel mir im Einüben der neuen Gewohnheiten helfen könnte. Im alten Umfeld funktioniere ich schnell nach dem alten System und tue mich schwer, die Dinge nachhaltig zu ändern. Als mich eine Kirche in Aarau einlädt, die dort frei gewordene Pastorenstelle einzunehmen, sagen wir nach kurzer Bedenkzeit zu und ziehen um. Dieser Schritt erweist sich als wichtige Stütze.

Langsame Besserung

Der Hinweis eines befreunden Arztes begleitet mich durch diese Zeit; er hilft mir, die nötige Geduld mit mir selbst aufzubringen: „Du brauchst für das Aufbauen deiner physischen Kräfte etwa so viel Zeit, wie zwischen dem Beginn des physischen Raubbaus und dem Punkt der totalen Erschöpfung lag." Damit ist klar: Vor mir liegt ein Weg, der Jahre dauert, nicht bloß ein paar Wochen. Und so ist es auch: Die Kräfte kehren langsam, wirklich nur langsam zurück. Ich erlebe immer wieder Rückfälle: schlaflose Nächte, das Kribbeln in mir, die Panik im Nacken. Diese Phasen verkürzen sich aber mit der Zeit, ich erhole mich schneller.

Gewinnen durch Verzichten

Seit meinem Tiefpunkt sind rund 15 Jahre vergangen. Wenn ich auf diese Zeit zurückblicke, kommen mir zwei Gedanken. Der erste: Das möchte ich nicht noch einmal erleben! Es war hart, schmerzlich, oft zum Verzweifeln. Der zweite Gedanke: Ohne diese Erfahrung wäre mein Leben in mancher Hinsicht arm geblieben. Arm an Entdeckungen, Lebenslektionen und geistlichen Erfahrungen. Arm an Segen, den neue Wege mit sich bringen.

Ich möchte diese Zeit nicht missen, aber auch nicht wiederholen müssen.

Heute sind meine Kräfte beinahe wiederhergestellt. Es geht mir immer dann gut, wenn ich mir erlaube, mit Grenzen zu leben und zu arbeiten, die ich mir selbst stecke. Grenzen gegen den inneren Drang nach mehr – mehr lockende Projekte, mehr Überstunden, mehr zusätzliche Aufgaben. Grenzen gegen das manchmal noch immer stachelnde Bedürfnis, gut dazustehen und Beachtung zu bekommen. Grenzen gegen die Erwartungen anderer, die mich vor den Karren ihrer Projekte spannen möchten. Grenzen gegen verplante Wochen und bis zum obersten Rand gefüllte Tage.

Gerade jetzt, beim Schreiben dieser Zeilen, liegt eine Zeit mit mehreren größeren beruflichen Projekten hinter mir. Was mich bei Kräften hielt, waren mein fast täglicher Rundgang im Wald, genügend Schlaf und weniger Verbissenheit inmitten meiner Aufgaben. Das Vertrauen, dass Gott mir unter die Arme greift und dass meine Unvollkommenheit für ihn kein Problem ist. Das bewusste Meiden allen stressigen Umherrennens. Das Pflegen von Oasen, von Freundschaften, von entspannten Momenten mit meiner Familie und für mich allein.

Die Gefährdung bleibt

„Der Härry fährt über seine Verhältnisse hinaus", lautete der Kommentar meines Skilehrers, damals, in der sechsten Klasse. Die Neigung dazu trage ich noch immer in mir. Ich bleibe ein Gefährdeter. Dieses Bewusstsein hilft mir, umso entschiedener daran festzuhalten, dass ich dort am zufriedensten und wohl auch am wirkungsvollsten lebe, wo ich mein Tempo drossele. Nicht nur auf den Skiern, auch im übrigen Leben – und hier besonders.

„WER SOLL ES DENN SONST MACHEN?!"
Stefanie Mergehenn

Stefanie Mergehenn, geboren 1968, ist Journalistin und lebt mit ihrer Familie in Solingen.

Ich merke, dass es mich Überwindung kostet, meine Unterlagen und Aufzeichnungen von meinem sechswöchigen Klinikaufenthalt wieder herauszukramen – fast so, als wolle ich mich nicht mehr an diese Zeit und ihre teils schmerzlichen Einsichten erinnern. Dabei war es eine Zäsur, die mein Leben verändert hat und für die ich im Nachhinein unendlich dankbar bin.

Abgezeichnet hat sich das Burn-out quasi seit meiner Geburt. Hineingeboren in eine Familie von Leistungsethikern, als Enkelin zweier freikirchlicher Pastoren, wuchs ich mit sicherlich ehrbaren Wertvorstellungen, aber einem fragwürdigen Familienmotto auf: „Wer soll es denn sonst machen?!" Es bedeutete, dass sich meine (Groß-)Eltern, später auch meine Geschwister und ich uns für alle(s) zuständig fühlten. Erst kamen der Beruf und die Gemeinde mit sämtlichen vermeintlich hilfsbedürftigen Mitmenschen, dann die Familie und ganz zum Schluss man selbst mit seinen individuellen Bedürfnissen. Wahrgenommen und wertgeschätzt fühlte ich mich als Kind und Teenager allenfalls, wenn ich besondere (schulische) Leistungen erbrachte.

Die 25. Stunde

Ich zog daraus eine Schlussfolgerung, die eine gefährliche Eigendynamik entwickelte. Nachdem ich mit 18 Jahren mein Abitur und anschließend – auf Anraten meiner Mutter – ein freiwilliges soziales Jahr in einem Altenpflegeheim absolviert hatte, nahm ich ein Studium mit zeitweilig fünf Fächern auf, das ich trotzdem in der Mindest-Studienzeit beendete. Auch in den Semester„ferien" war ich natürlich nicht untätig: Ich erinnere mich beispielsweise an jenen Sommer, in dem ich morgens um 4 Uhr zum Münsteraner Postamt radelte, dort bis 8 Uhr 30 Uhr Briefe sortierte, von 9 bis 16 Uhr ein Praktikum im städtischen Kulturamt machte und anschließend in die Redaktion der Lokalzeitung ging, wo ich als freie Mitarbeiterin überwiegend Abendtermine hatte, von denen ich anderntags berichten musste.

Damals hätte ich (noch) nicht sagen können, was mich eigentlich drängte und antrieb. Im Gegenteil: Ich definierte mich über diesen „Eu-Stress" und meine Leistungsfähigkeit. Dass ich dennoch während des Studiums in der Lage war, nicht nur eine freilich kurzfristige Paarbeziehung, sondern auch zahlreiche private Kontakte zu pflegen, ist nicht zuletzt der Duldsamkeit meiner Freundinnen und Freunde anzurechnen. Sie merkten höchstens mal an, dass sie sich – O-Ton – zuweilen fühlten „wie eine Salami-Scheibe, die gerade noch zwischen zwei terminliche Brötchenhälften gepresst wird". Eine Freundin witzelte, der liebe Gott habe mir offenbar als Zeichen seiner besonderen Wertschätzung eine 25. Stunde am Tag geschenkt, die nur ich nutzen dürfe. Und eine WG-Mitbewohnerin schrieb mir zum Abschied in mein Gästebuch: „Fast vier Jahre teilten wir Küche, Bad und Telefon und sahen uns dennoch oft nur im Vorbeihuschen, hetzend von Termin zu Termin. Ich sah Dir oft verwundert nach, wie Du so von einem zum anderen Ereignis (Kino, Chor-Proben, Dates, Uni, Redaktion, Konzerte, Kirche, Freunde …) rauschtest. Echt eine Power-Frau, die, so hoffe ich, weiter viel wirbelt und frischen Wind in ihre Umwelt bringt!"

Vom Eustress zum Disstress

In der Tat wurde der Wirbel stärker, nur merkte ich anfangs nicht, wie der Eu- allmählich in Disstress umschlug. Direkt im Anschluss ans Studium erhielt ich einen der begehrten Plätze für ein Volontariat bei einer der größten deutschen Regionalzeitungen. Nach der zweijährigen Ausbildung verschlug es mich als Lokalredakteurin nach Solingen. Dort lernte ich in meiner neuen Kirchengemeinde meinen jetzigen Mann kennen, der zunächst etwas Ruhe in mein Leben brachte. Wenn nur die Arbeitszeiten nicht gewesen wären! 50- bis 60-Stunden-Wochen waren an der Tagesordnung. Überstunden wurden generell nicht verrechnet, sondern waren eine Selbstverständlichkeit. Kein Wunder, dass ich liebend gern auf Teilzeit gegangen wäre, als 2003 unser Sohn geboren wurde. Ein Ansinnen, das nach meiner zweijährigen Elternzeit von der Chefredaktion aus Gründen der „Praktikabilität" abgelehnt wurde. Soweit zum Thema „Vereinbarkeit von Familie und Beruf" …

Ich fühlte mich zerrissen: Weder meinem Kind noch meinem Mann wurde ich gerecht – noch meinem selbst gesetzten Qualitätsanspruch in dem Job, der doch einst mein Traumjob gewesen war. Der innere Druck nahm zu. Sowohl zu Hause als auch in der Redaktion war ich immer nur halbherzig und nie „ganz" da – immer den nächsten Termin vor Augen und all die Anforderungen und Erwartungen, die an mich gestellt wurden, im Hinterkopf. Unser Familienleben war „auf Kante genäht": Mein Mann fuhr um 6 Uhr 30 zur Arbeit, ich brachte unseren Sohn zwischen 8 und 9 Uhr zum Kindergarten bzw. in die Schule und ging selbst zur Arbeit. Vom Kindergarten bzw. von der Schule – Es lebe die Ganztagsbetreuung! – wurde Raphael um 16 Uhr von seinem Vater abgeholt; von ihm wurde er meistens auch ins Bett gebracht, da ich selten vor 21 oder 22 Uhr, oft auch erst um 23 Uhr, nach Hause kam. Da durfte niemand krank werden; alle mussten „funktionieren".

Auch in der Gemeinde konnte ich mich nicht so einbringen, wie ich es gewohnt war und weiter gern gewollt hätte: Mit mindestens einem Sonntagsdienst im Monat und kurzfristigen Abendterminen für die Redaktion waren es Freundinnen und Gemeindegruppen gewohnt, kurzfristig von mir versetzt zu werden.

Der Druck verschlimmerte sich, als ich nach gut vier Jahren in einem sehr angenehmen und kollegialen Team in eine andere Lokalredaktion versetzt wurde – mit einer sehr schwierigen Vorgesetzten. Der berühmte Tropfen, der das Fass nach zwei Jahren zum Überlaufen brachte, war die Tatsache, dass ich mir entgegen anderer Absprachen am achten Geburtstag unseres Sohnes keinen Urlaubstag nehmen durfte, obwohl ich entsprechend vorgearbeitet hatte.

Auszeit

Die Schuldgefühle meinem Sohn gegenüber, die zunehmenden Vorwürfe meines Mannes, unser chronisch gereiztes Miteinander (eher „Gegeneinander") und die Verzweiflung angesichts meiner eigenen Ohnmacht ließen mich letztlich zusammenbrechen – innerlich und äußerlich. Ich ging zu meiner Hausärztin, zu der ich großes Vertrauen habe, und sagte: „Ich kann nicht mehr. Ich brauche eine Auszeit." Ihre fast erfreute Reaktion: „Darauf warte ich jetzt seit zwei Jahren, dass Sie das endlich mal einsehen!" Schon häufiger hatte sie mich in der Vergangenheit krankschreiben wollen, weil ich immer wieder wegen offensichtlich psychosomatischer Beschwerden bei ihr vorstellig geworden war. Und immer hatte ich abgelehnt mit den Worten: „Nein, ich kann nicht ausfallen. Wir sind personell ohnehin so eng besetzt. Dann müssten die verbliebenen Kollegen ja noch länger arbeiten …".

Dass der Gedanke „Ohne mich geht es nicht" zugleich das fatale Motto meiner Herkunftsfamilie ist („Wer soll es denn sonst machen?!"), wurde mir erst im Lauf des folgenden sechswöchigen Klinikaufenthalts so richtig bewusst. Mit der Diagnose „Depressive Erschöpfung" (im Volksmund auch „Burn-out" genannt) kam ich in eine christliche Fachklinik im Taunus – schön weit weg von zu Hause, damit ich auch die therapeutisch vorgegebene dreiwöchige „Kontaktsperre" einhalten konnte. Drei Wochen ohne die Stimme oder ein geschriebenes Wort meines Sohnes zu sein, war für mich das Härteste des ganzen Aufenthalts. Gleichzeitig half mir die Kontaktsperre, mich wirklich mal rauszuziehen aus allen Zuständigkeiten und darauf zu vertrauen, dass mein Mann die insgesamt sechs Wochen ohne mich dank der Hilfe unserer Eltern und Freunde (und natürlich einer vierseitigen To-do-Liste, die ich noch in der Nacht vor meiner Abreise geschrieben hatte …) schon managen würde.

Natürlich ließ sich mein „Hyperaktivitäts-Schalter" nicht einfach umlegen. Mit-Patienten bescheinigten mir im Nachhinein, dass sie anfangs ihre Schwierigkeiten mit meinem Aktionismus, mit meiner „inneren Getriebenheit" gehabt hätten. Während manche „Burnies" bei ihren Ärzten zusammengeklappt und quasi zwangseingewiesen worden waren, hatte ich immer noch eine Rest-Energie, die meinem Umfeld, aber auch mir selbst fast unheimlich war: Ich entwickelte Ideen für die Gestaltung der Klinik-Abende und der Wochenenden und bot mich an, Ausflüge oder Konzertbesuche zu organisieren. Dass dieser Aktivismus letztlich dazu dienen sollte, mich vor der Auseinandersetzung mit mir selbst zu drücken, wurde mir erst im Lauf der Zeit bewusst.

Meine Schuldgefühle, dass ich nämlich womöglich jemandem den Klinik-Platz weggenommen hatte, der ihn dringender gebraucht hätte, konnte meine Gesprächstherapeutin Gott sei Dank vom Tisch wischen: Es sei gut, dass ich in einem vergleichsweise frühen Stadium gekommen war. Je eher man die Zäsur setze, umso leichter könne man mit ungesunden Lebensmustern und (unbewusst) einstudierten Verhaltens- und Denkweisen brechen.

Ein neues Lebensmuster

Trotz aller wertvollen „Inputs", hilfreichen Strategien, psychologischen und seelsorglichen Ratschlägen: Leicht war und ist es keineswegs, das über Jahre zementierte Profil des Leistungsethikers zu demontieren. Zu verwoben sind die „roten Fäden" meines Lebens – die Selbst-Definition über meine Leistung, um wahrgenommen und wertgeschätzt zu werden, das Funktionieren-Müssen, Sich-keine-Schwäche(n)-leisten-Dürfen, die irrige Annahme, keiner außer mir könne die Dinge „richtig" machen, und daraus resultierend ein mich und meine Mitmenschen belastender Kontrollwahn, um nur einige „Fäden" zu nennen.

In der Klinik wurde mir geholfen, dieses Knäuel in die Hand zu nehmen, zu entwirren und zu einem neuen Lebens-Muster zu verknüpfen. In der Musik-, Tanz- oder Maltherapie begann ich, meine Gefühle wieder wahrzunehmen und vor allem zuzulassen. Dabei lernte ich auch mein Temperament neu anzunehmen und differenzierter zu betrachten. Wie der Cello-Bogen, der mal sanft und meditativ über die Saiten streicht, um dann wieder hektisch und schrill hin und her zu treiben, können in meinen Wesenszügen unterschiedliche „Saiten" zum Schwingen gebracht werden, die alle ihre Berechtigung haben.

Auch von und in den Gesprächen mit Mit-Patienten habe ich viel gelernt – zuweilen mehr als von manchem Arzt oder Therapeuten. Nachhaltig in Erinnerung geblieben ist mir der Satz eines Gesprächspartners: „Wenn sich die Umstände nicht ändern, dann musst du selbst dich verändern."

Diese An- und Herausforderung wurde ganz konkret, als es am Ende meines sechswöchigen Aufenthalts um meine berufliche Perspektive ging. Immer noch sah ich mich als Herzblut-Journalistin, für die es keinen anderen Job geben konnte. Doch der Auftakt meiner beruflichen Wiedereingliederung entpuppte sich als Farce: Bereits in meiner zweiten Arbeitswoche saß ich an einem Tag schon wieder zwölf Stunden in der Redaktion. Spätestens da merkte ich, dass ich von den meisten Kollegen keine Rücksichtnahme und von meinem Arbeitgeber keine wesentlichen Verbesserungen der Arbeitsbedingungen erwarten durfte: Einige hielten mich einfach für schlecht organisiert, andere boten mir halbherzig Hilfe an, die ich natürlich ablehnte, um sie nicht ihrerseits noch mehr zu belasten.

Ein neuer Job

Irgendwann sagte ein Kollege: „Entweder du lernst, mit diesen Belastungen umzugehen, oder du musst dir einen anderen Job suchen." Da erinnerte ich mich wieder an den Mitpatienten, der mich ermutigt hatte: „Wenn sich die Umstände nicht ändern, dann musst du selbst dich verändern." Einen Strohhalm dazu hatte ich in der Hand. Meine Hausärztin und eine Freundin hatten mich unabhängig voneinander auf eine Stellenanzeige aufmerksam gemacht, die kurz vor meinem Klinikaufenthalt erschienen war: Die Stadtverwaltung meiner Heimatstadt suchte eine Journalistin auf 50-Prozent-Basis für die örtliche Pressestelle. Eigentlich hätte der Job nach fast vier Monaten schon längst vergeben sein müssen, doch als ich den Haupt-Pressesprecher anrief, sagte dieser: „Es laufen gerade die letzten Vorstellungsgespräche. Wenn Sie noch heute eine Bewerbung einreichen, können wir Sie vielleicht noch berücksichtigen."

Kurz und gut: Ich habe die Stelle bekommen – für mich ein echtes Gottesgeschenk. Natürlich haben wir als Familie jetzt deutlich weniger Geld zur Verfügung als vorher, aber die wachsende Lebensqualität ist mir wesentlich wertvoller als ein gefülltes Portemonnaie. Ich arbeite drei volle Tage pro Woche in einem sehr netten und kooperativen Team, freue mich am Montagmorgen auf die Arbeit und am Mittwochabend auf ein langes Wochenende.

Ich habe viel mehr Zeit für Familie und Freunde, kann mich ehrenamtlich wieder stärker in der Kirchengemeinde engagieren (und dabei üben, auch mal Nein zu sagen) und lerne, auch mir selbst die eine oder andere Auszeit zu gönnen. „Sei lieb zu dir selbst" – durch diesen Appell einer Freundin gewinnt Matthäus 22,37-39 für mich eine neue Dimension. Denn das „Doppelgebot der Liebe" ist ja eigentlich ein Dreifachgebot: Nur wer gut zu sich selbst ist und achtsam mit sich selbst umgeht, kann auch Gott und seinen Nächsten aufrichtig lieben. Daran arbeite ich gerade – auch gemeinsam mit einer therapeutischen Gesprächsgruppe, die mir hilft, nicht ständig wieder in alte Verhaltensmuster zu verfallen oder in neue Fallen zu tappen.

Denn leider sind mir meine eigene Ungeduld und mein nach wie vor vorhandenes Bestreben, schnell und effizient zum Ziel zu kommen, immer wieder im Weg. Gut, dass Gott barmherziger mit mir ist, als ich selbst es bin. Mutmachend fand ich in diesem Zusammenhang eine Empfehlung von Kerstin Hack: „Erlaube dir selbst, dich in deinem eigenen Tempo zu verändern. Freu dich über jeden noch so kleinen Schritt der Veränderung!"

Ein verändertes Familienleben

Ich habe das Empfinden, dass mein Burn-out uns als Familie enger zusammengeschweißt hat. Nachdem einer von uns Leistungsethikern Schwäche gezeigt hat, gewinnt auch der eine oder andere zunehmend einen Blick dafür, wo er (oder sie) sich selbst überfordert. Mit meinen Geschwistern hatte ich während meines Klinikaufenthalts, aber auch danach gute Gespräche, in denen wir uns fragten, ob es nicht an der Zeit wäre, aus unserem Familienspiel „Wer ist tüchtiger?" auszusteigen. Ich kann heute augenzwinkernder mit den wohlmeinenden Ratschlägen meiner Mutter umgehen, mir nicht zu viele Termine aufzuhalsen, während sie ihrerseits in den nächsten Tagen, Wochen, Monaten komplett „ausgebucht" ist. Ich meinerseits will das bloße Funktionieren beenden, merke aber immer wieder, wie schwer es ist, übernommene Mechanismen zu durchbrechen – vor allem in der Ehe. Da mein Mann sich daran gewöhnt hat, dass ich alles organisiere, manage und kontrolliere, möchte er immer wieder die Verantwortung an mich abgeben. Wenn ich sie nun nicht mehr allein tragen will (und kann), haben wir beide zu lernen.

Ganz wichtig ist mir, mein „Familienerbe" nicht an meinen Sohn weiterzugeben. Immer wieder versuche ich ihm zu vermitteln, dass er um seiner selbst willen geliebt wird und nicht, weil er ein so guter Schüler ist. Ich nehme ihn einfach mal in den Arm und sage ihm, wie froh ich bin, dass er da ist: „Wenn's dich nicht gäbe, müsste man dich erfinden. Gut, dass Gott dich schon erfunden hat!"

Das will ich neu lernen: mein Leben nicht nur pflicht- und leistungsorientiert, sondern lust- und beziehungsorientiert zu gestalten. Zumal es das Wort „Effizienz" in Gottes Vokabular nicht zu geben scheint.

„UND DANN WURDE MIR ALLES ZU VIEL …"
WARUM ES GUT IST, NICHT UM JEDEN PREIS WEITERZUMACHEN

Andreas v. Heyl

Dr. Andreas v. Heyl, Jahrgang 1952, ist Studienleiter für die PfarrerInnen im Probedienst der Evangelischen Kirche in Bayern und außerplanmäßiger Professor für Praktische Theologie an der Theologischen Hochschule der Evangelisch-Lutherischen Kirche in Bayern.

Burn-out, Ausbrennen, ist ein Bild. Ein so häufig verwendetes Bild, das uns seine Bedeutung zu entgleiten droht. Wie sollen wir uns den Prozess des Ausbrennens vorstellen? Wie bei einer Explosion? Oder als würde eine Stichflamme auflodern und alles verzehren? Wohl kaum. Die Vorstellung von einem Schwelbrand trifft es eher: Man bemerkt ihn erst sehr spät – oft zu spät, um noch alles Wichtige retten zu können. Über einen langen Zeitraum hat sich ein Problem aufgebaut, schleichend, fast unbemerkt. Eines Tages ereignet sich eine Kleinigkeit, nichts, was dramatischer wäre als vorhergegangene Konflikte, aber jetzt gibt der Mensch auf, er kann einfach nicht mehr, wird krank, depressiv oder verlässt von einem Tag auf den anderen seinen Arbeitsplatz.

Was ist passiert?

Gegen Ende der neunziger Jahre wurde deutlich, dass auch Vertreter einer Berufsgruppe, von der man es eigentlich am wenigsten erwartet hätte, sich zunehmend gestresst fühlen und Burn-out-gefährdet sind: die Pfarrerinnen und Pfarrer. Wissenschaftliche Untersuchungen zu diesem Phänomen gab es bislang so gut wie keine. Das war für mich der Anreiz, mich in dieses Thema zu vertiefen und anhand einer Studie zu erforschen, wie es mit dem „Burn-out im Pfarramt" steht.[1] Im Verlauf der Untersuchung wurden etwa zehn Prozent der bayerischen Pfarrerschaft in einer anonymen schriftlichen Befragung erfasst, hinzu kamen jeweils zwanzig Interviews mit Pfarrer/innen im aktiven Dienst und mit Verantwortlichen aus Kirchenleitung, Lehre und Beratung. Das Ergebnis war erstaunlich: Zunächst verblüffte die außerordentlich hohe Rücklaufquote von 68,7 Prozent bei der anonymen schriftlichen Befragung (normalerweise haben solche Befragungen einen Rücklauf von unter 30 Prozent) – ein deutliches Indiz dafür, wie sehr die Pfarrerschaft das Thema interessierte. Das eigentlich Besorgnis erregende Ergebnis aber war, dass sich von den in der Studie erfassten Pfarrer/innen etwa die Hälfte als Burn-out-gefährdet erwies. Stark gefährdet waren 7,5 Prozent der Befragten, „richtig ausgebrannt" 1,6 Prozent. Seit Veröffentlichung der Studie, also seit etwa zehn Jahren, werde ich immer wieder von kirchlichen Einrichtungen aus ganz Deutschland angefragt, um Vorträge und Seminare zum Thema „Burn-out im Pfarrberuf" zu halten, was zeigt, welchen Stellenwert die Thematik nach wie vor für die Pfarrerschaft hat.

Es sind nicht eigentlich die großen Herausforderungen, die zum „Ausbrennen" führen. Dass man hin und wieder einmal etwas tun oder ertragen muss, das alle Kräfte fordert oder gar für einen Moment über die Kräfte geht, lässt sich in der Regel gut verarbeiten. Die meisten von uns sind in der Lage, für eine ganze

---

1   Andreas v. Heyl: Zwischen Burnout und spiritueller Erneuerung. Studien zum Beruf des evangelischen Pfarrers und der evangelischen Pfarrerin, Peter Lang, Frankfurt/Zürich/New York 2003. Zur Thematik vgl. auch meine Bücher: Wieder heil werden. Leben im Einklang mit mir und der Welt, Grünewald, Ostfildern 2010, und Das Anti-Burnout-Buch für Pfarrerinnen und Pfarrer, Kreuz, Stuttgart 2012.

Weile Hochleistungen zu erbringen oder starke Stressoren zu kompensieren, wenn klar ist, dass es sich um eine zeitlich begrenzte Anspannung handelt. Es ist das sich immerfort drehende Hamsterrad der so genannten *daily hassles*, der Alltagswidrigkeiten, das schließlich zur Burn-out-Krise führen kann.

Gemeint sind die frustrierenden, entnervenden, viel emotionale Energie bindenden Unannehmlichkeiten und kleinen Ärgernisse im normalen Tageslauf: schlecht koordinierte Arbeitsabläufe, mangelnde Zusammenarbeit, unklare Zuständigkeiten, Rollenkonflikte, gruppendynamische Probleme am Arbeitsplatz, Ärger mit Klienten, Kollegen oder Vorgesetzten, mangelnde Würdigung und Wertschätzung der eigenen Leistung, die ungenügende Führungs- Kommunikations- und Feedback-Kultur im Unternehmen (oder im Familiensystem) etc. So ist es zum Beispiel erstaunlich und traurig, wie stark sowohl in vielen Betrieben als auch in vielen Familien das Augenmerk stets auf das gerichtet wird, was eine Person nicht kann oder falsch macht. Positives wird dagegen kaum gewürdigt. „Nix g'sagt ist g'lobt genug" sagt man in Franken und Schwaben in diesem Fall. Viele Untersuchungen haben aber gezeigt, dass die positive Wertschätzung eines Menschen einen besonders starken Einfluss auf sein seelisches und körperliches Wohlbefinden hat. Eines Tages ist dann eine „kritische Menge" erreicht, und die Summe der kleinen Verletzungen verdichtet sich zu einer Mischung aus hilfloser Wut und lähmender Erschöpfung.

Ein Tropfen führt zum Überlaufen

Dazu bedarf es in der Regel noch eines Ereignisses, das dann wie der sprichwörtliche Tropfen das Fass zum Überlaufen bringt. Oft ist das eine Beeinträchtigung, die für sich betrachtet gar nicht so gravierend ist: ein kleines Missgeschick vielleicht oder eine Grippe, ein Ehestreit, oder dass einem auch noch die Arbeit eines kranken Kollegen übertragen wird.

Ihr altes Leben zerbrach, als sie in der Mittagspause eine Glühbirne kaufen wollte", berichtete „Der Spiegel". Barbara K., Psychotherapeutin mit gut besuchter Praxis, alleinerziehende Mutter ... wartete an der roten Ampel, als ein silberner Wagen von hinten in ihr Auto krachte. Die Frau blieb bei dem Verkehrsunfall fast unverletzt, nur ein leichtes Schleudertrauma diagnostizierte der Arzt. Bleib ich eben mal einen Tag zu Hause, entschied Frau K. Am nächsten Tag fühlte sie sich seltsam schwach. Schlag auf Schlag kamen Schmerzen, Schlaflosigkeit und Sehstörungen hinzu. Sie vergaß ihre Kontonummer und auch, wie man Spaghetti kocht. Schließlich kam sie kaum noch die Treppe hoch, so erschöpft war sie auf einmal. Medizinische Untersuchungen blieben ohne Befund. Dennoch verschlimmerte sich ihr Zustand weiter; nichts half. Wie eine unbeteiligte Zuschauerin sah die Psychologin zu, wie sich ihre Existenz Stück für Stück auflöste. Frau K. verlor innerhalb von zwei Jahren ihr Erspartes, ihr Haus, ihre Praxis – und am Ende das Sorgerecht für ihren zehnjährigen Sohn ... [2]

Nun bricht das schon lange fragil gewordene Kraftfeld der Person endgültig zusammen. Die emotionale und psycho-physische Erschöpfung wird auf einmal mit voller Wucht erlebt.

Eine tragende Säule des „inneren Menschen" nach der anderen bricht weg: Konzentrationsfähigkeit und Durchsetzungsvermögen, Empfindungsfähigkeit und Mitgefühl, Fantasie und Kreativität, Schaffenslust und Lebensfreude und vor allem auch das Selbstwertgefühl.

„Wie kam es zu Ihrer Krise?", wurde der Angestellte Manfred S. vom „Focus" gefragt [3] *: „Es war ein schleichender Prozess", sagte er, „anfangs habe ich die Probleme gar nicht richtig wahrgenommen. Die berufliche Belastung wurde immer größer, und irgendwann streikte mein Körper. Ich konnte nicht mehr schlafen, habe nachts stundenlang wachgelegen und immer an die Probleme bei der Arbeit gedacht und konnte keinen klaren Gedanken mehr fassen. Im Dezember (...) ging es dann nicht mehr. Ich bekam Angstzustände, Weinkrämpfe und einen schlimmen Tinnitus. (...) Ich konnte nicht mehr sprechen, konnte nichts mehr essen. Ich hab mich in den Garten gesetzt und geheult wie ein Kleinkind."*

Die „Arbeitsmoral" sinkt rapide, die Identifikation mit der Tätigkeit löst sich ebenso auf wie die Motivation, die ursprünglich zu dieser Berufswahl geführt hat und die Grundlage für das Enga-

---

2 Der Spiegel Nr. 4/24.1.11., S. 115f.
3 Focus Nr. 10/10 – 8. März 2010, S. 96.

gement bei der Arbeit bildete. Die Betroffenen empfinden einen immer stärkeren Widerwillen gegen die Tätigkeit und – besonders fatal – auch gegen die Menschen, mit denen sie zu tun haben. So ist z. B. die Unfreundlichkeit und der Formalismus, mit dem Berufstätige im sozialen und medizinischen Bereich den sich ihnen anvertrauenden Menschen begegnen, nicht selten ein Zeichen ihrer tiefen Erschöpfung. Geradezu sprichwörtlich ist zum Beispiel der Zynismus mancher Chirurgen und Pathologen.

In einem relativ kurzen Zeitraum kommt es nun zu funktionalen Beeinträchtigungen und Veränderungen im körperlichen, psychischen und sozialen Bereich. Wegen der Symptomvielfalt spricht man darum auch vom „Burn-out-Syndrom". So erleiden die Betroffenen zum Beispiel einen Hörsturz oder starke Rücken-, Kopf- oder Magenschmerzen, der Blutdruck steigt. Ein verbreitetes Symptom ist die Schlaflosigkeit, man wird anfälliger für Erkältungen, leidet unter zunehmender Gereiztheit, die sich wiederum negativ auf das soziale Beziehungsgeflecht auswirkt. Möglicherweise wird durch die tiefe Erschöpfung auch eine Depression oder eine andere psychische Krankheit ausgelöst. Am Ende steht im schlimmsten Fall eine unheilvolle Mischung aus Verbitterung, Gereiztheit, Selbstmitleid, Ängsten bis hin zu Panikattacken, Resignation, Zynismus und dem Gefühl, ein Verlierer und Versager zu sein. In der Endphase tritt manchmal auch der absurde Zustand ein, dass die Betroffenen, obwohl sie die jeweilige Situation nicht mehr ertragen, zugleich nicht mehr von ihr loskommen können. Dann liegen die Leidenden nachts oft stundenlang wach und grübeln über ihre Fehler und Schwächen nach, wobei sie doch den Schlaf nötiger bräuchten denn je. In fortgeschrittenem Stadium ist eine Entspannung ohne therapeutische Intervention kaum mehr möglich, das innere Rad dreht auf Hochtouren, die Gedanken und Grübeleien kreisen fortwährend um das, von dem sie sich doch dringend befreien müssten. Oft versuchen die Gequälten, ihr Leiden zu erleichtern, indem sie zu Suchtmitteln greifen, manche sehen keinen anderen Ausweg als den Suizid. Aber der schlimmste Fall tritt ja, Gott sei dank, nicht unausweichlich ein. Vielen kann schon in der Frühphase des Prozesses durch Intervention von außen geholfen werden, und natürlich gibt es auch bei Burn-out, wie bei jeder pathologischen Entwicklung, die verschiedensten Intensitäts- und Vertiefungsgrade.

Die „Helfer"

Dass man eine gegebene Situation auf Dauer nicht zu bewältigen vermag und schließlich einen Zusammenbruch in Form einer Burn-out-Erfahrung erleidet, kann sich in allen Bezügen und auf allen Ebenen des Lebens ereignen: in der Partnerschaft, in der Kindererziehung, im Zusammenhang mit schwelenden nachbarschaftlichen Konflikten, durch das Erleiden einer massiven Kränkung oder Enttäuschung, aufgrund von Arbeitslosigkeit und großen materiellen Verlusten, beim Tod eines vertrauten Menschen. Burn-out-gefährdet sind im Grunde alle Personen, die sich auf eine Arbeit, eine Lebensweise oder eine Beziehung eingelassen haben, die sie langfristig über- oder unterfordert[4], und die von der „inneren Buchführung" erwartete „Belohnung" nicht bringt. Diese Belohnung besteht in der Arbeitswelt zunächst einmal im Gehalt. Sie kann aber z. B. auch darin bestehen, dass einem mehr Verantwortung übertragen wird oder mehr Freiräume eröffnet werden. Nicht wenige wären bereit, auf einen Teil ihres Gehaltes zu verzichten, wenn sie ihre Arbeitszeit oder ihre Arbeitsabläufe flexibler gestalten könnten. Im zwischenmenschlichen Bereich besteht die Belohnung in der Regel in Anerkennung und Wertschätzung, in der Familie wird für das eigene Verhalten häufig das „Wohlverhalten" des anderen oder gar seine „Gegenliebe" erwartet.

Es hat sich aber gezeigt, dass die Gefahr des Ausbrennens in besonderer Weise den Beschäftigten in den sogenannten „helfenden Berufen" droht, und zwar überall dort, wo man beruflich über längere Zeit mit Menschen zu tun hat, die sich in Schwierigkeiten befinden oder die selbst problematisch sind und einen entsprechend emotional fordern. Hier geraten vor allem diejenigen in Gefahr, sich zunehmend zu überlasten, die einerseits einen ausgeprägten Drang in sich spüren, anderen helfen und ihnen Gutes tun zu

---

4 s. auch den Beitrag von Ulrich Giesekus auf S. 127

wollen, und andererseits unterschwellig starken Über-Ich-Impulsen ausgesetzt sind, d. h. sie wollen „ihre Sache nur ja gut machen" und „es möglichst allen recht machen". Wolfgang Schmidbauer, Alice Miller und andere Analytiker haben die – narzisstische – Grundproblematik dieser „Helferpersönlichkeiten" eindrücklich beschrieben. [5]

Ein strukturelles Problem

Die Ursachen für „Burn-out" liegen nicht nur in der Persönlichkeit der Betroffenen, zu seiner Entstehung tragen mindestens ebenso auch Zusammenhänge in den jeweiligen Arbeits- und Lebensbedingungen der Betroffenen bei. Viele Forscher vertreten die Auffassung, dass den äußeren Umständen, also den Arbeits- und Lebensbedingungen bei der Burn-out-Entstehung sogar ein weit größeres Gewicht zukommt als der psychischen Disposition des Individuums.

„Burn-out" ist eben nicht nur ein „Problem" dessen, der es bekommt, so dass dieser dann – wie es ja auch gerne geschieht – abgestempelt werden kann als „wenig belastbar", „Schwächling" oder gar „gestörte Persönlichkeit". Es ist mindestens ebenso sehr auch ein Problem seines Arbeitgebers bzw. seines sozialen Umfelds.[6] Im Grunde lässt sich Burn-out durchaus als die gesunde Reaktion eines sensiblen Menschen auf ungesunde Arbeitsverhältnisse oder Sozialbeziehungen verstehen. Allerdings „weckt" das Burn-out-Erleben nicht selten bereits latent vorhandene seelische oder körperliche Krankheiten, so dass sie zum Ausbruch kommen.

---

5   Alice Miller: Das Drama des begabten Kindes, Frankfurt 1979; Wolfgang Schmidbauer: Die hilflosen Helfer. Über die seelische Problematik der helfenden Berufe, Reinbek 1978; ders.: Helfen als Beruf. Die Ware Nächstenliebe, Reinbek 1983; ders.: Die Ohnmacht des Helden. Unser alltäglicher Narzißmus, Reinbek 1981; Heinz Kohut: Narzißmus. Eine Theorie der psychoanalytischen Behandlung narzißtischer Persönlichkeitsstörungen, Frankfurt 1976.
6   Hierzu vgl. stellvertretend für viele: Christina Maslach/Michael Leiter: Die Wahrheit über Burnout. Stress am Arbeitsplatz und was Sie dagegen tun können, Springer, Berlin u. a. 2001.

Breitenwirkung

Die Auswirkungen des Burn-out-Syndroms sind gravierend, nicht nur für die direkt Betroffenen, sondern für alle Beteiligten im System. Die betriebs- und auch volkswirtschaftlichen Schäden sind immens. Die jährlich durchgeführte Erhebung des Meinungsforschungsinstituts Gallup zum Grad der emotionalen Bindung von Arbeitnehmern an ihre Arbeitsstelle beziffert die durch Motivationsverlust entstandenen wirtschaftlichen Schäden in der BRD mit einer dreistelligen Milliardensumme.

Es sind ja vor allem die ursprünglich besonders stark engagierten, pflichtbewussten und aufopferungsbereiten Personen, die schließlich kollabieren. Bei den Betroffenen häufen sich die Krankheitstage, Arbeitsunfälle nehmen zu, die Professionalität sinkt rapide ab, die Klienten werden nicht mehr adäquat behandelt. Häufig suchen Arbeitnehmer, die es sich nicht leisten können, ihren Arbeitsplatz zu verlieren, den Ausweg in der „inneren Kündigung", d. h. der „psychologische Arbeitsvertrag" wird einseitig aufgelöst, und für die Arbeit wird nur noch so viel Energie und Engagement aufgewendet, dass man sie gerade nicht verliert. Hinzu kommt die „infektiöse Tendenz" des Burn-out-Syndroms. Ausgebrannte Mitarbeiter neigen unbewusst dazu, mit ihrer negativen Energie andere „anzustecken" und so allmählich ganze Abteilungen zu lähmen.

Prävention

Was bis hierher beschrieben wurde, sind keine unabwendbaren Gegebenheiten, denen man hilflos ausgeliefert ist. Die Volksweisheit „Vorbeugen ist besser als Heilen" gilt auch im Blick auf das Burn-out-Syndrom. Vor dem Ausbrennen kann man sich durch die Beachtung grundlegender arbeits- und psychohygienischer Vorsichtsmaßnahmen in der Regel gut schützen. Eine Schlüsselformel der Stresspsychologie lautet in diesem Zusammenhang „Meditation und Bewegung". Wer darauf achtet, dass er sich ausreichend Bewegung in der frischen Luft gönnt, z. B. durch Nordic-Walking oder leichtes Joggen oder Radfahren (möglichst drei- bis viermal in der Woche eine gute Stunde) hilft seinem Organismus, fit zu bleiben und Widerstandskräfte zu entwickeln. Wer täglich etwa zwanzig Minuten meditiert, schenkt seinem Leib und seiner Seele die Möglichkeit, ruhig zu werden und sich von der Last des Alltags zu lösen. Die einfachste Form der Meditation besteht darin, sich ruhig auf einen Stuhl oder ein Gebetsbänkchen zu setzen und nur auf seinen Atem zu achten. Wer mehr erfahren will, sollte einen der Meditationskurse besuchen, die heute überall angeboten werden. Hilfreich zur Stressvorsorge sind auch die Entspannungsmethoden des autogenen Trainings oder der Muskelentspannung nach Jacobson. Eine wichtige Rolle spielt bei der Stressprävention im Blick auf das Berufsleben auch die Supervision. Ganz allgemein hilfreich und bedeutsam ist – darin sind sich die Psychologen einig – ein gut funktionierendes Beziehungsnetz. Wer in einer glücklichen Beziehung lebt, über zufriedenstellende familiäre Kontakte und einen verlässlichen Freundeskreis verfügt, den wirft so schnell nichts um. Ist die emotionale Belastung aber schließlich doch bis zum Burn-out-Syndrom eskaliert, kann man sich aus eigener Kraft nicht mehr helfen, und auch der Partner, die Familie und die guten Freunde gelangen schnell an den Rand ihrer Möglichkeiten. In diesem Fall ist eine längere Auszeit und ärztliche bzw. psychotherapeutische Betreuung unerlässlich. Inzwischen gibt es immer mehr Sanatorien und klinische Fachabteilungen, die sich auf die gezielte Behandlung von Burn-out spezialisiert haben.

Die heilsamen Wirkungen eines geistlichen Lebens

Spiritualität ist heilsam – das gilt nicht nur in medizinischen Zusammenhängen, sondern auch in arbeitspsychologischen. Von Schriftlesung, Gebet und Meditation gehen auch heilsame Wirkungen für unsere Arbeit und unsere beruflichen Belastungen aus.[7] Letztlich, in der Tiefe, hat die Überforderungsproblematik ja immer auch etwas damit zu tun, dass da einer oder eine meint, er oder sie müsse sich das eigene Leben durch Leistung erkämpfen. Oder gar damit, dass sich jemand tief im stillen Kämmerlein an

---

7 Verschiedene Möglichkeiten, ein spirituelles Leben zu gestalten, sind angeboten in: Andreas v. Heyl: Exerzitien im Alltag. Ein innerer Übungsweg, Fromm, Saarbrücken 2012.

der Vorstellung berauscht, er könnte eines Tages werden wie Gott selbst. Der im vergangenen Jahr verstorbene Psychoanalytiker Horst-Eberhard Richter hat zu dieser Thematik Ende der Siebzigerjahre ein wegweisendes Buch geschrieben mit dem Titel „Der Gotteskomplex".[8] Die Botschaft der Bibel will uns befreien aus unserem selbstgestrickten Verhängnis. Sie sagt uns: Der Mensch ist und wird niemals ein Gott. Sie sagt uns aber auch: Wir bekommen unser Leben geschenkt, unabhängig von dem, was wir leisten. Es war Martin Luthers zentrale reformatorische Erkenntnis, dass „der Mensch gerecht wird ohne des Gesetzes Werke durch den Glauben" (Römer 3,28). Wir dürfen uns eingebunden wissen in den großen Zusammenhang der Liebe Gottes und uns einlassen auf seine Zusage, dass wir unser Leben, d. h. die wirklich wichtigen Dinge wie Liebe, Vertrauen, Hoffnung, Beziehung und Zuversicht, auch unsere Lebendigkeit durch unsere Leistung weder verdienen können noch müssen. Wir bekommen sie geschenkt. Je mehr wir auf Gottes Kraft vertrauen, „die in uns mächtig werden will" (2. Korinther 12,9), desto stärker werden in unserem Innern jene Widerstandskräfte wachsen, die in der modernen Gesundheits- und Stressforschung mit den Begriffen „Resilienz" (Bewältigungsfähigkeit), und „Kohärenzgefühl" (Urvertrauen ins Leben) beschrieben und diskutiert werden.[9] Viele, auch nicht kirchlich gebundene Menschen ahnen inzwischen etwas von der Heilkraft einer gelebten Spiritualität, wissen aber nicht so recht, wie sie mit einem spirituellen Leben beginnen können. Hilfreich kann es hier sein, wenn man sich für einige Zeit einem Geistlichen Begleiter oder einer Geistlichen Begleiterin anvertraut. Das kann ein Pfarrer oder eine Pfarrerin sein, vielleicht auch jemand aus einer der christlichen Ordensgemeinschaften, aber auch ein Nichttheologe, der eine entsprechende Ausbildung hat. In den meisten Landeskirchen gibt es inzwischen ganze Netzwerke solcher Begleiter/innen,

---

8   Horst Eberhard Richter: Der Gotteskomplex. Die Geburt und die Krise des Glaubens an die Allmacht des Menschen, Psychosozial, Hamburg 1979.
9   vgl. z. B. Luise Reddemann: Eine Reise von 1000 Meilen beginnt mit dem ersten Schritt. Seelische Kräfte entwickeln und fördern, Herder, Freiburg 2004; Aaron Antonovsky: Salutogenese. Zur Entmystifizierung von Gesundheit, dgvt, Tübingen 1997.

deren Aufgabe darin besteht, Menschen, die das wollen, behutsam mit religiösen Fragen in Kontakt zu bringen und sie in die Welt einer gelebten Frömmigkeit einzuführen. Ein Anruf im zuständigen Pfarramt wird zu weiteren Informationen führen. Die meisten Ordensgemeinschaften bieten inzwischen auch „Stille Tage" oder „Einkehrzeiten" an. Die Teilnahme daran ist in jedem Falle hilfreich und weiterführend.

ENTDECKUNGEN IN DER EINSAMKEIT – DREI JAHRZEHNTE SPÄTER

Peter Strauch

Peter Strauch, Jahrgang 1943, lebt mit seiner Frau in Witten. Er ist Altpräses des Bundes Freier evangelischer Gemeinden und besonders als Liederdichter bekannt geworden.

Vor einiger Zeit meinte jemand, ich solle einmal das Buch „Entdeckungen in der Einsamkeit" lesen. Dabei schaute er mich ein wenig verschmitzt von der Seite an. Aber sein Hinweis war nicht nur scherzhaft gemeint. Etwa dreißig Jahre ist es her, dass ich das Buch geschrieben habe, und gut dreißig Jahre liegt die darin beschriebene Erfahrung zurück. Immer noch ist der Titel auf dem Markt. Wieso eigentlich? Mit keinem anderen Buch habe ich Ähnliches erlebt. Eigentlich gibt es nur eine Erklärung dafür: Sein Inhalt rührt etwas an, das viele Menschen als Problem empfinden, nämlich eine äußere und innere Anspannung, mit der sich auf Dauer nicht leben lässt. Habe ich die Sache damals bewältigen können? Und vor allem: Wenn ja, was ist davon geblieben?

Nicht aus heiterem Himmel

Im Grunde war es ein Burn-out-Problem, das mich 1981 traf. Es kam nicht aus heiterem Himmel. Seit acht Jahren war ich für die Leitung der Jugendarbeit des Bundes Freier evangelischer Gemeinden verantwortlich. Nach sieben Jahren Gemeindedienst hatte ich mich voll Eifer in diese Arbeit gestürzt. Es war die Zeit der *Jesus People*, und überall öffneten sich Türen für die missionarische Jugendarbeit. In vielen Städten entstanden Teestuben, das waren Treffpunkte für junge Leute, um in netter Atmosphäre über Gott und die Welt zu reden. Schüler und Schülerinnen trafen sich in Schulen zu Gebetskreisen, oft während der großen Pause. Hinzu kamen Jugendabende in Kirchen, Gemeindezentren und öffentlichen Räumen, manchmal eine ganze Woche lang. Mein Terminkalender wurde voll und voller, und irgendwann war dann Schluss. Nach einer Ferienbibelschule mit Teenagern im Januar 1981 konnte ich nicht mehr. Ich kämpfte mit Schmerzen im Kopf und in der Brust. Hinzu kam eine große Portion Angst, den Anforderungen nicht mehr gewachsen zu sein. Allein das Klingeln des Telefons führte zu Schweißausbrüchen. Ich war einfach nicht mehr in der Lage, meine Arbeit zu tun. Als auch die Ruhe zu Hause nichts mehr half, entschied ich mich auf Anraten meiner Frau, außerhalb unseres Wohnortes einen ruhigen Platz zu suchen. So landete ich schließlich an der holländischen Küste.

Holland im Januar und Februar, das ist Stille pur, vor allem in den Dünen zwischen Noordwijk und Zandvoort. Stundenlang wanderte ich durch diese Hügellandschaft, ohne einen Menschen zu treffen. Für manche mag eine solche Einsamkeit der blanke Horror sein, für mich war sie goldrichtig. Es waren klare und stürmische Wintertage. Auf meinen Wegen hatte ich ein kleines Neues Testament dabei, las kurze Texte daraus, sang Lieder oder dachte einfach nach. Vor allem nahm ich mir Zeit zum Beten, laut, ohne Hemmungen. Ich entdeckte, was vermutlich die Jüdin Hanna meinte, als sie dem Priester Eli sagte: „Ich habe dem Herrn mein Herz ausgeschüttet" (1. Samuel 1,15). Nein, es waren keine schönen Worte, die ich mir zusammensuchte. Ich sagte Gott einfach, was mich quälte. Tag für Tag ging das so, und allmählich wurde ich ruhiger. Ich erlebte Gottes Gegenwart neu, und er deckte einige schmerzhafte Stellen in meinem Leben auf – und heilte sie.

Schwäche zeigen

Als ich nach dieser Zeit der Stille und Abgeschiedenheit wieder mein „normales" Leben aufnahm, hatte ich das Empfinden, etwas sehr Kostbares erfahren zu haben. Von außen besehen war die Zeit in Holland zwar nicht gerade spektakulär gewesen, aber ihre Auswirkungen waren für mich offensichtlich. Bevor ich an die Küste fuhr, war ich von Angst bestimmt: Was denken die Leute wohl, wenn sie mitbekommen, dass ich der Arbeit nicht mehr gewachsen bin? Immerhin musste ich ja Termine absagen, die bereits seit Monaten vereinbart waren. Doch nach meiner Abwesenheit fiel es mir erstaunlicherweise relativ leicht, darüber zu reden. Der Krampf, keine Schwäche zeigen zu dürfen, schien überwunden. Bereitwillig berichtete ich in meinen Andachten und Predigten davon. Erst als ich einige Monate später gefragt wurde, ob ich bereit sei, ein Buch darüber zu schreiben, kamen mir Bedenken. Ich empfand die Zeit in Holland als persönliches Geschenk. Konnte es richtig sein, das nun in einem Buch zu „vermarkten"?

Nun, Sie wissen, es wurde ein Buch daraus, und nach vielen Rückmeldungen und 14 Auflagen bin ich sicher, es war richtig, über diese Zeit zu schreiben. Meist meldeten sich daraufhin Leute, die in ähnlichen Situationen waren. Es kamen Briefe aus Krankenhäusern und christlichen Einkehrzentren. Manche berichteten mir später über ihre Aufenthalte dort. Sie sagten, das Buch sei ihnen während der Zeit zum Segen geworden. Viele bedankten sich für die Ehrlichkeit, über meine Schwäche und auch Schuld zu schreiben. Was ich vorher als Gefahr empfand, nämlich meine geistliche Autorität zu verlieren, verkehrte sich nun ins Gegenteil. Meine Offenheit machte Menschen Mut, über eigene Defizite zu reden und entsprechende Hilfen in Anspruch zu nehmen. Aber einige gingen auch falsch damit um. Sie versuchten, meine Erlebnisse zu kopieren. Sie wollten genau wissen, wo in Holland ich gewesen sei. Und längst nicht alle kamen mit der Einsamkeit zurecht. Manche hielten die Stille nur wenige Tage durch.

Bilanz ziehen

15 Jahre nach den Entdeckungen in der Einsamkeit hatte ich die Gelegenheit, in einem Zeitschriftartikel noch einmal Bilanz zu ziehen. Für mich selbst war das eine Gelegenheit, einmal festzuhalten, ob und was sich bei mir geändert hatte. Seit „damals" stellte ich eine persönliche Klausur an den Anfang jedes Jahres. Dann quartierte ich mich für etwa eine Woche an der Küste ein, um viel zu wandern und zu beten. Mit dem Eigentümer meines Lebens, Jesus Christus, ging ich anhand des Kalenders und meines Tagebuchs das zurückliegende Jahr durch, setzte Schwerpunkte für das neue Jahr, hörte anhand der Bibel und auch geistlicher Bücher, was Gott mir zu sagen hatte. Bis zu meinem offiziellen Dienstende habe ich das Jahr für Jahr so gehalten. Diese Einkehrzeiten waren wichtig für mich. Aber auch manches andere hatte sich geändert: meine Beziehung zu meiner Frau und meinen Kindern, mein Umgang mit Terminanfragen und mit meiner Korrespondenz. Allerdings gehörte zu dieser Bilanz auch das Eingeständnis, dass nicht alles so glatt lief wie erhofft. Die Versuchung, zu viel zu übernehmen und es möglichst allen Menschen recht zu machen, war geblieben. Einsichten sind wichtig, aber sie verändern noch nicht das Verhalten. Verhaltensänderungen sind bei mir in der Regel nur in schwierigen Prozessen erreichbar, sie fallen mir nicht automatisch zu. Trotzdem: Die Erfahrung in Holland hatte bleibende Spuren hinterlassen.

Inzwischen liegt auch diese Bilanz schon wieder viele Jahre zurück. Meine Verantwortung wuchs während der Zeit und mit ihr meine Beanspruchung. 1991 wurde ich zum Präses des Bundes Freier evangelischer Gemeinden berufen, im Jahr 2000 kam der Vorsitz der Deutschen Evangelischen Allianz hinzu. Drei Jahre später, auf der Fahrt zu einer Vorstandssitzung in Bad Blankenburg, musste ich meine Reise plötzlich abbrechen. Mir war übel, Schwindel überkam mich, und ich konnte die Straße nicht mehr richtig sehen. Das Ohrgeräusch, mit dem ich seit Jahren lebte, wurde unerträglich laut. Der Arzt riet mir dringend, kürzer zu treten. Danach versuchte ich meine Arbeit zu reduzieren, sagte Termine ab und klinkte mich aus Gremien aus, bei denen meine Anwesenheit nicht unbedingt notwendig war.

Ein zweiter Anlauf

Eines Tages, auf der Fahrt zu einem Vortrag in Österreich, klingelte mein Handy. Mein Vorgänger, unser Altpräses Karl Heinz Knöppel, meldete sich. Er war sehr krank und hielt sich mit seiner Frau seit Monaten auf den Kanarischen Inseln auf. Irgendjemand habe ihm erzählt, es ginge mir nicht gut, sagte er am Telefon. Und so lud er mich und meine Frau zu einem Aufenthalt auf Teneriffa ein. Zunächst hielt ich das aus verschiedenen Gründen für nicht möglich. Doch dann spitzte sich meine gesundheitliche Situation weiter zu. So saßen wir eines Tages im Flugzeug nach Teneriffa. Vorher hatte ich nicht einmal gewusst, wo diese Insel zu suchen ist. Als wir eintrafen, war alles da, was wir brauchten: die Familie, die uns liebevoll in ihr Appartement aufnahm, der Arzt, der sich während dieser Wochen intensiv um mich kümmerte, ja selbst die finanzielle Hilfe, die uns diesen Aufenthalt erst ermöglichte. Und vor allem: Mein Vorgänger und ich konnten noch einmal in Ruhe miteinander reden. Viele Jahre hatte er mich im Dienst begleitet, aber nach unserem Wechsel gab es Missverständnisse, manches war gedankenlos und auch lieblos gelaufen. Was für ein Geschenk, dass uns Gott noch einmal zusammenbrachte, um im inneren Frieden miteinander und füreinander zu beten.

Inzwischen bin ich im sogenannten Ruhestand und freue mich, meiner Berufung gemäß zwar anders, aber nicht weniger glücklich zu leben. Hin und wieder sitze ich auf unserem Balkon und schaue auf die vier Jahrzehnte meines offiziellen Dienstes zurück. Die beschriebenen Erfahrungen zeigen mir Grenzbereiche, in denen ich mich manchmal befand. Gibt es eine Lehre, die ich daraus ziehe? Es gibt sie, und am besten kann ich sie mit dem folgenden Text beschreiben: „Entscheidend wird es darauf ankommen, wie unsere stillsten Stunden verlaufen, da wir von niemand gesehen und beobachtet werden. Wir können in der Wirkung nach außen nie mehr sein, als wir im Verborgenen darstellen. Darum müssen wir im Blick auf Herz, Phantasie und Gedankenleben Gottes Geist unablässig an uns arbeiten lassen, auf dass wir frei werden von Ärger und Unruhe, von Eifersucht und Neid, von Ehrgeiz und Hochmut, von Selbstgefälligkeit und allem eitlen, wichtigtuerischen Wesen." Adolf Köberle schrieb diese Sätze 1981 in seinem Buch

„Seelsorge an Seelsorgern". Auch bei mir ging es nicht nur um das Verhältnis von Arbeit und Stille, es ging immer auch um ein geistliches Problem. Öffentliche Anfragen und Herausforderungen bestimmten einen großen Teil meines Lebens, und ich habe sie meist gerne angenommen. Aber in ihrer Gewichtung gefährdeten sie mein verborgenes Leben mit Gott. Meine „Entdeckungen" wiesen zwar auf diese Gefahr hin, aber letztlich konnten sie mich nicht davor bewahren. Im Gegenteil, manchmal wurde ich gerade aufgrund der „Entdeckungen in der Einsamkeit" eingeladen: Man hielt mich für einen kompetenten Redner zum Thema Burn-out und authentisches Leben. Wenn ich nicht aufpasste, wurden solche Einladungen aber wiederum zur Gefährdung für mich.

„Wir können in der Wirkung nach außen nie mehr sein, als wir im verborgenen Leben darstellen." Wie wahr das ist! Wenn ich darüber schreibe, klingt es, als sei ich heute gegen diese Gefahr immun. Aber das stimmt nicht. Trotz aller Einsicht ist die Gefährdung geblieben. Es ist wohl so: Was uns selbst Probleme macht, darüber predigen und schreiben wir. Aber sollte ich deswegen schweigen?

BETROGEN!

*Die Autorin möchte ano-
nym bleiben. Die Oberstu-
dienrätin, geboren 1952,
lebt im Raum Hamburg.*

„Erschöpfungsdepressi-
on" steht als Diagnose
auf dem Einweisungsbo-
gen meiner Hausärztin.
Ich packe meine Sieben-
sachen für einen vierwö-
chigen Klinikaufenthalt.
Es ist Mitte November. Als der Koffer gepackt ist, lege ich ein neu
gekauftes Tagebuch oben auf. Alles ist bereit.

Aber wie konnte ich überhaupt an diesen Punkt kommen? Ich
bin doch gar kein depressiver Typ! Bin ich nicht bis jetzt energie-
geladen durchs Leben geschritten? Mein Lebenslauf wirkt jedenfalls beeindruckend. Das letzte Mal habe ich ihn gerade erst vor
einem Jahr aktualisiert – für die Bewerbung auf meine neue Stelle,
die mich noch einmal in eine höhere Gehaltsstufe gebracht hat.
Hier eine Weiterbildung, dort ein berufsbegleitendes Studium,
internationale Einsatzorte. Ohne Zweifel: Ich liebe neue Herausforderungen. Es hat mir immer Spaß gemacht, Neues zu erkunden
und dazuzulernen.

Und nun dieser Zustand, der mich in die Klinik bringt. Am
ersten Kliniktag vertraue ich meinem Tagebuch an:

Ich bin so müde, habe keine Kraft, muss mich zu allem zwingen.
Ich fühle mich wie im Gefängnis und bin ziemlich unruhig. Mein
Kopf schmerzt und ich schlafe unruhig.
Warum bin ich hier? Was will ich hier?

Noch betrachte ich den Klinikaufenthalt wie eine der großen Herausforderungen, die ich doch bisher in meinem Leben immer gemeistert habe. Außerdem habe ich die Antwort auf meine Fragen im Grunde genommen doch in meinem Klinikkoffer schon mitgebracht: Ich habe im vergangenen Jahr wahrscheinlich den falschen Job angenommen. Es ist einfach dumm gelaufen. Die Verlockung der nächsten Beamten-Gehaltsstufe war zu groß. Ich hatte überschätzt, was solch eine Riesenveränderung mit einer Frau macht, die eher Ende als Mitte fünfzig ist. Allein der Umzug in eine neue Stadt, dabei bin ich doch durch und durch ein Beziehungsmensch. Wenn ich etwas weiß, dann das. Und jetzt muss ich alles neu anpacken. Die Suche nach dem neuen Friseur und dem neuen Frauenarzt sind da noch die leichtesten Übungen. Aber neue Freunde? Eine neue Gemeinde? Ich habe einfach unterschätzt, wie einsam ich mich fühle würde, wie schwer es ist, neue Kontakte zu knüpfen.

Ablehnung

Aber das Schlimmste ist die Situation in der Schule, in der ich auch als Fachbereichsleiterin arbeite. Zum ersten Mal in meiner langjährigen Berufstätigkeit erlebe ich massiv Ablehnung und Isolation. Ich bekomme so gut wie keine Einführung in die neuen Aufgaben. Aus meiner Abteilung sprechen nur einzelne Kollegen mit mir, Auskunft bekomme ich auf Nachfrage von wenigen Kollegen, von meiner Fachgruppe aber nur knapp und fast widerwillig. Ich bin mit so viel Freude und Elan an diese Schule gekommen; nie hätte ich mit einem so eisigen Empfang gerechnet. Auch nach den ersten Monaten ändert sich nichts. Ich fühle mich wie gelähmt. Das Gefühl der Einsamkeit breitet sich wie Gift in meiner Seele aus. Ich hadere mit mir, weil ich denke, eine falsche Entscheidung gefällt zu haben. Und ich hadere mit Gott, von dem ich mich geführt glaubte. Ich fühle mich völlig entwurzelt. Meine Seele findet keinen Halt. Ich bin verletzt. Ich sitze in der Falle.

Dennoch oder gerade deshalb arbeite ich mehr und mehr. Da sind Zwänge: Neuer Stoff will bewältigt werden, ich brauche neue Unterrichtsvorbereitungen, die Referendarbegleitung fordert besondere Energie, die Dienstbesprechungen sind anstrengend. Aber vielleicht will ich es mir und den anderen ja auch zeigen: Ich kann das, ich schaffe das, ich bin an diesem Platz die Richtige. Die Arbeit verschlingt mich. Fremde Gedanken ergreifen mich, Gedanken der tiefen Sinnlosigkeit.

Ich bin total erschöpft und trotzdem mache ich hier alles mit. Ich habe Angst, wenn ich total runterfahre, dass ich nicht wieder auf die Beine komme. Mein Motor läuft auf Hochtouren.
(Tagebuch, 1. Woche)

Es ist mir zu viel Programm. Ich sehne mich nach Ruhe, nach Frieden, vielleicht nach Gott, der mir so weit weg erscheint. Ich würde am liebsten in ein Kloster gehen und nur bei mir und bei Gott sein. Jedenfalls für eine kleine Weile. Auf der anderen Seite sehne ich mich unendlich nach Gemeinschaft.
(Tagebuch, 2. Woche)

Beziehungen waren mir immer wichtig. Ich hätte gern eine große Familie mit Kindern gehabt, aber ich habe keine Kinder und auch nur eine kleine Familie.

Schmerzhafter Rückblick

Mit 38 Jahren heirate ich die große Liebe meines Lebens. Endlich habe ich den Richtigen gefunden. Ronald ist geschieden, Lehrer, liebenswürdig, sensibel, witzig und sehr gescheit – dazu noch attraktiv, eine gefährliche Mischung! Einmal singt er mir auf einem Spaziergang alle Strophen des Liedes „Ich weiß, so ein Mädchen ist eigentlich viel zu schade für mich, viel zu schade für mich!" von Hannes Wader vor. Ich lache Tränen.

Ronald gibt mir Geborgenheit, Sicherheit. Ich vertraue meinem Tagebuch an: *Ronald war für mich Heimat.*

Vor unserer gemeinsamen Zeit hatte er Phasen einer schweren Depression durchlitten, aber ich erlebe ihn in unserer Ehe gesund. Er ist ein wunderbarer Genussmensch, der mich mit seinen Kochkünsten verwöhnt, wenn ich von anstrengenden Weiterbildungen nach Hause komme, und anschließend sogar die Küche aufräumt.

Heute habe ich all meine Kraft und meinen Mut zusammengenommen und dem Klinikseelsorger von Ronalds Ehebruch und Tod erzählt. Jetzt spüre ich, dass ich wenig Distanz zu ihm bekomme, und auch, dass ich diese nicht wirklich will. Ich glaube, ich muss Ronald erst einmal loslassen, bevor irgendetwas an Entwicklung passieren kann. Vielleicht ist es auch nur dieses Idealbild von ihm, das ich loslassen muss. Das fällt mir schwer.

(Tagebuch, 3. Woche)

Ich blicke zurück: Nach elf glücklichen Ehejahren bekommt Ronald einen schweren depressiven Schub. Er sorgt selbst dafür, dass er in eine psychiatrische Klinik eingewiesen wird. An einem der ersten Abende telefonieren wir miteinander. Er spricht von furchtbaren Schuldgefühlen, die ihn plagen. Er erwähnt seine Kollegin Silke, die ich auch gut kenne. Stockend und zitternd spricht er Dinge aus, die mir jeden Halt rauben. Er hat sich mit dieser Kollegin seit neun Jahren wöchentlich getroffen. Ja, sie haben dann miteinander geschlafen.

Ich gerate in einen Schockzustand. Höre meinen Mann Unfassbares stammeln: dass die Frau schuld sei, dass er mich um Verzeihung bitte, dass dann bestimmt alles wieder gut werde. Höre mich sagen, dass ich ihm alles verzeihe. Wir reden von einem Neuanfang. Bevor ich den Hörer auflege, verspreche ich ihm, am nächsten Morgen anzurufen. Nach einer schlaflosen, Nacht, in der ich das Gefühl habe, aus der Wirklichkeit herausgenommen zu sein und in einem Niemandsland herumzuirren, versuche ich Ronald morgens um 7.30 Uhr zu erreichen.

Aus meinem Tagebuch von damals:

Ronald war aber nicht am Telefon, die Krankenschwester sagte mir, ich solle später den Arzt anrufe. Ja – ich habe gewusst, dass etwas Schreckliches passiert war. Mir wurde innerlich furchtbar kalt. Alles erstarrte. Als der Arzt mir sagte, dass Ronald tot ist, habe ich das nur noch aus weiter Ferne wahrgenommen.

Ronald hat sich das Leben selbst genommen. Ich habe den Eindruck, dass er die Last nicht mehr tragen wollte und sie mir nun überlassen hat.

Schockstarre

Fast acht Jahre trennen mich von diesem Ereignis. Trennen mich – und doch spüre ich in diesen Tagen in der Klinik ganz deutlich meine Fesseln. Ich bin noch immer gebunden.

„Und als ich es wollte verschweigen, verschmachteten meine Gebeine", betet ein Psalmbeter. Meine Unruhe, meine Rückenschmerzen, meine Kopfschmerzen, der Kloß im Hals, die tiefe Müdigkeit – sind das meine „verschmachteten Gebeine"?

Ich habe lange Ronalds Treulosigkeit verschwiegen. Warum? Hatte ich Angst, den Schmerz nicht ertragen zu können, wenn er auch vor anderen offen daliegt?

Fürchtete ich Schmach?

Es ist vorbei. Ich will leben. Ich lasse den Schmerz zu.

Ich muss mich wohl von dem Idealbild von Ronald verabschieden und mich von ihm innerlich trennen. Erst mit der Distanz zu ihm kann ich ihn anders sehen. Er ist tot und hat diesen suizidalen Akt vollzogen. Diese Tatsache muss und will ich anerkennen. Er hat mich neun Jahre lang belogen und betrogen. Bisher erhielt immer der arme kranke Ronald alle Sympathien, und ich habe die Last in unserer Ehe und auch in der Zeit danach geschleppt ... Mir wird klar, dass ich nur gesund werden kann, wenn ich die Gefühle von Wut und Hass, der großen Enttäuschung, alles, was sich langsam in mir zusammengebraut hat, zulasse und anschaue.

(Tagebuch, 3. Woche)

Schon bald wachsen mir nach Ronalds Tod neue Kräfte zu, ein neuer Lebenswille erwacht. Ich bin zuversichtlich, einen neuen Lebenspartner zu finden. Ich unterschätze die schwere Last, die ich auf meinen Schultern trage. Im Rückblick sehe ich, wie sich die Spirale immer schneller dreht. Meine innere Unruhe treibt mich an, ungestillte Sehnsucht lässt mich Entscheidungen treffen, von denen ich mir Frieden erhoffe. Hausverkauf, neue Wohnung, Stellenwechsel, neue Stadt. Ich bin eine Getriebene. Und so kann es geschehen, dass Motive, die mich immer schon zu Hochleistungen angespornt haben, durch meinen zugedeckten Schmerz zusätzlichen Antrieb bekommen.

Späte Trauer

Heute frage ich mich, ob ich den Zusammenbruch unbewusst inszeniert habe. In der ersten Zeit nach Ronalds Tod konnte ich den Schmerz nicht zulassen. Schmerz, den ich neun Jahre später in meinem Burn-out erlebe. All die Jahre hatte ich gedacht, es sei abgeschlossen. Dass der Tod meines Mannes und die Umstände seines Todes im letzten Jahr so massiv in mein Bewusstsein kamen, hat mich erstaunt. Es wurde Zeit, die unerledigte Aufgabe anzupacken.

Ein Jahr liegt der Klinikaufenthalt nun hinter mir. Vieles hat sich nicht verändert: Ich bin immer noch in derselben Stadt, am selben Arbeitsplatz. Single.

Und doch habe ich einiges verändert, zunächst ein paar äußere Dinge: Ich arbeite nicht mehr am Sonntag. Das bringt mir Ruhe. Und es ist Schluss mit dem „Churchhopping". Mich für eine Gemeinde zu entscheiden, hat mit gut getan, auch das hat Ruhe in mein Leben gebracht.

Ich bin ein paar Denkmustern auf die Spur gekommen. Ich lerne, weniger auf das zu sehen, was andere von mir erwarten. Das ist sehr entlastend. Ich kann mir sogar vorstellen, vorzeitig in den Ruhestand zu gehen. Das wäre mir früher absolut peinlich gewesen. Viel zu arbeiten hat ja ein gutes Image.

Ich habe entschieden, dass die Arbeit nicht mehr so wichtig ist. Meine Arbeit mit dieser Einstellung sehen zu können, habe ich mir früher schon immer gewünscht, aber ich konnte sie nicht durchhalten. Jetzt geht es. Ich gebe zu, dass es mir nicht immer leicht fällt; ich bin ein ziemlich ehrgeiziger Mensch.

Und mein großer Schmerz um meine Ehe?

„Sie dürfen die guten Erinnerungen behalten", habe ich in der Therapie gehört, nachdem ich meine Wut endlich zugelassen habe. Die guten Zeiten zurückerobern – das übe ich gerade.

Protokoll: Claudia Filker

BURN-OUT – GIANNIS GESCHICHTE ZWISCHEN OHNMACHT UND WUT

Gisela Ana Cöppicus Lichtsteiner

Gisela Ana Cöppicus Lichtsteiner, geboren 1942, arbeitet als Daseinsanalytikerin und Therapeutin für Katathym-imaginative Psychotherapie (KIP) in eigener Praxis in Zürich.

Zur Therapie angemeldet hat sich ein 30-jähriger Sozialpädagoge. In die Praxis kommt ein verzweifelter, total erschöpfter, fast kindlich wirkender Mann mit eingefallenem, unter einer Strickmütze tief verstecktem Gesicht. Ich werde Gianni Esposito[10] während unserer fast dreijährigen gemeinsamen Arbeit noch einige Male in diesem bedauernswerten Zustand erleben. Eigentlich aber ist Gianni ein großer, gut aussehender südländischer Typ mit dunklen Augen und schwarzen Locken, seit fünf Jahren mit seiner Jugendfreundin glücklich verheiratet. Was ist geschehen? Gianni erzählt eine typische Burn-out-Geschichte:

---

10   Name und Geschichte meines Patienten sind anonymisiert.

„Die Seele überschlägt sich"[11]

Der in Gesprächstherapie-Ausbildung befindliche Sozialpädagoge hatte vor einigen Jahren seine erste Stelle in der Asylantenbetreuung angetreten. Im Umgang mit den Menschen zeigte er ein besonderes Geschick. Mehr und mehr wurden ihm Aufgaben anvertraut, die ihn sehr belasteten. Seine emotionale Kompetenz wurde überschätzt. Insbesondere aber litt er unter strukturellen und organisatorischen Unklarheiten im Mitarbeiterbereich. Seine Vorgesetzten gaben widersprüchliche Anweisungen. Gianni hatte gelernt, durch Leistung Anerkennung zu erhalten, und sein kritischer Perfektionismus trieb ihn an. Er kam auf allen Ebenen in die Retterrolle, wollte alles besser machen – nur die Anerkennung blieb zunehmend aus. Die Erschöpfung begann schleichend, depressive Verstimmungen kamen hinzu, Versagensgefühle und Gedanken an Suizid. Er konnte sich am Wochenende nicht mehr erholen und auch mit 14 Stunden Schlaf seine Müdigkeit nicht überwinden, sondern erlebte sich zeitweise in einem Zustand „wie im Wachkoma". Er kam „nicht mehr runter", seine Seele „überschlug sich". Die kleinsten Erledigungen im Alltag wurden ihm zur unüberwindlichen Last. Am Ende dieser Entwicklung stand die Unfähigkeit, Auto zu fahren. Seit sechs Monaten war er nun Woche um Woche krankgeschrieben und wurde vom Hausarzt mit Medikamenten und Psychotherapie betreut. Die Stelle war gekündigt, aber Entlastung stellte sich nicht ein. Es blieb ein schwammiges Gefühl von Trauer und Wut, ein suizidales Selbstmitleid und Opfergefühl, das er aus seiner Kindheit kannte. Was weiß Gianni bereits über sein Werden und Sein?

„Jetzt zeig ich es euch allen!"

Gianni ist italienischer Herkunft, in Zürich geboren als jüngstes Kind mit drei älteren Schwestern. Der Vater freute sich nicht über seinen sensiblen Sohn, gab ihm keine Anerkennung, konnte hingegen gewalttätig und sadistisch sein. „Er raubte dem Kind

---

11 Ich verwende oft den sprachlichen Ausdruck meines Patienten, auch wenn das nicht eigens gekennzeichnet ist.

die Kraft", sagte Gianni rückblickend, „das suchte dann die Beachtung durch kompensatorisch aufgesetzte Überheblichkeit."
Die Mutter verhielt sich überfürsorglich-verwöhnend, aber nicht schützend. Unterordnung unter den Ehemann war angesagt; eine Haltung der Demut, die Gianni verachtete. Für den Großvater väterlicherseits hingegen war er der sehnlichst erwartete Enkel, der Prinz, der Größte. Gianni lernte zwei Verhaltensstrategien: einerseits eine Anpassung, die zur Selbstunsicherheit führte, so dass er sich nicht bewusst wurde, wer er ist und sein könnte. Andererseits ein kompensatorisches Aufbegehren, Wut und destruktive Aggression, da, wo es möglich war. Er verstand es nämlich gut, schwächere Schulkollegen zynisch-sadistisch fertigzumachen. Er war der Held, der starke Max. Und suizidal. Er spielte mit dem Gedanken, sich im offenen Dachstuhl des Elternhauses zu erhängen, um endlich mit seinem Leiden gesehen zu werden. „Jetzt zeige ich es euch …" Das erzählt mir Gianni voller Trauer und Scham in der dritten Sitzung. Er hat Vertrauen in unsere Zusammenarbeit gefasst.

„Ohne Gott ist alles nicht vorstellbar"

Die Wende seines jugendlichen Lebens ereignete sich nach Jahren des Drogenkonsums. Er hatte eine Gotteserfahrung, fühlte sich durchströmt von warmer Liebe und angenommen. „Es gibt einen Gott!" Er ging auf die Suche nach einer Pfarrei und erneuerte seinen katholischen Glauben. Für den 20-Jährigen ein Erlösungszustand. Er begann aktiv ein christliches Leben zu führen. Ob der Glaube in der Therapie Raum einnehmen dürfe, fragt Gianni am Ende unserer ersten Sitzung. Er möchte herausfinden, warum er in so frühem Alter trotz seines Glaubens krank geworden ist und warum er kaum noch Gefühle spüren kann. Für mich ist es selbstverständlich geworden, Glaubensfragen – je nach Bedürfnis eines Patienten – als dessen wichtigste Überzeugung in den therapeutischen Prozess miteinzubeziehen, sei es als Teil seines Problems, sei es als hilfreiche Ressource. Für einen Teil meiner Klientel ist der christlich praktizierte Glaube unverzichtbares Lebenselement. Diese finden den Weg zu mir ja auch über ein Verzeichnis christlicher Fachleute[12]. Gianni fragt auch nach meiner therapeutischen Methode und nach dem Vorgehen. Ich erkläre es ihm: Das Gespräch ist der Angelpunkt der Therapie und immer auch Begegnung; das psychodynamische Verständnis vom Werden eines Menschen und seinem Leiden kann zudem durch den Einsatz von therapeutischen Imaginationen anschaulich gemacht werden. Die Therapie wird stützende, aber auch konfliktorientierte Elemente enthalten.

Imaginationen[13], auch Tagträume genannt, werden in der Regel zielgerichtet angeboten: um Schutz und Geborgenheit erfahren zu können, zur Erholung und Kräfteerneuerung, zur Konfrontation mit Konfliktsituationen, zum Erinnern und Verstehen von Kindheitserfahrungen und deren Auswirkungen auf das gegenwärtige Leben, zum Erkennen von psychosomatischen Zusammenhängen, zur Entwicklung von kreativem Potenzial. Es zeigt sich, dass es im Tagtraum auch möglich ist, spirituelle Erfahrungen zu machen, und dass diese auf ganz besondere Weise zur Ressource für den Heilungsprozess werden können. Wo immer es sich anbietet, gebe ich deshalb Hilfen und Unterstützung, damit ein Patient oder eine Patientin diese heilenden Erfahrungen machen kann. Wenn also in der Imagination nach einer sogenannten „Hilfreichen Gestalt" gesucht wird, kommt es nicht nur bei gläubigen Patientinnen und Patienten vor, dass sie eine Gestalt erblicken, die eine heilige Ausstrahlung hat. Bei frühtraumatisierten Frauen ist das oftmals die Gottesmutter Maria. Aber auch ein Schutzengel oder Jesus Christus können in einer Imagination auftauchen. Und beim Imaginieren eines „Sicheren und schützenden Ortes" kann dieser auch einen heiligen und sakralen Charakter haben und z. B. eine Kirche sein, ein Kloster, oder einfach die Natur.

„Im Burn-out fehlt jeglicher Schutz"

In unserer vierten Sitzung teilt mir Gianni mit, dass er bereits einen neuen Arbeitsvertrag unterschrieben hat. Wir sind uns einig,

---

12   www.eVBG.ch/psychologie: Verzeichnis christlicher Fachleute
13   Meine Ausbildung ist die „Katathym-imaginative Psychotherapie" (KIP, früher KB), www.agkb.de

dass die drei Monate bis zum Arbeitsbeginn wohl nicht ausreichen werden, um die volle Gesundheit wiederzuerlangen, aber er steht unter Druck von Seiten des Arbeitsamtes und der Invalidenversicherung. Die Arbeitsbedingungen scheinen günstig; er wird sich mit nur 60 Prozent als therapeutischer Mitarbeiter in einem Jugendheim versuchen. Wir besprechen einige unterstützende Maßnahmen für den Alltag, die er zum Teil bereits mit Erfolg anwendet: eine klare Tagesstruktur und ausreichender Schlaf, sportliche Aktivitäten in der Natur und nur mäßig viele soziale Kontakte, Umstellung der Ernährung. Entspannungs- und Stressbewältigungstechniken wird er im Rahmen der Imaginationen lernen.

Wir stehen am Anfang unserer gemeinsamen Arbeit, die mit Unterbrechungen fast drei Jahre dauern wird und 57 eineinhalb- bis zweistündige Sitzungen mit 40 Imaginationen umfasst. Noch fühlt sich Gianni seinen körperlichen Reaktionen hilf- und schutzlos ausgeliefert, hin- und hergeworfen zwischen Panik und wütender Verachtung. In den ersten Imaginationen geht es daher darum, Schutz und Geborgenheit zu finden, sich zu entspannen und zu Kraft zu kommen. Er sieht zum Beispiel einen gläsernen Tränen-Tropfen, in dem er sich wie in einem Schutzraum warm, wohl und fern von allen Sorgen und wie in Gottes Hand geborgen fühlt. Ein Wärmestrahl breitet sich im Bauchraum aus, und alle Spannungen lösen sich auf. Im imaginierten Zwiegespräch mit Jesus weinen beide über Giannis mangelndes Gottvertrauen. Das Im-Tropfen-Sein wird für ihn auch zur Entspannungsübung zu Hause. Weitere imaginierte Rückzugsorte sind eine Schaffellhöhle, ein Baum und eine Düne am Meer. Oft kommt es dabei auch zu Begegnungen mit religiösen Gestalten: mit David, mit dem Guten Hirten, mit dem Schutzengel und immer wieder mit Jesus. Und erst in der imaginierten Gegenwart von Jesus wird es ihm gegen Ende der Therapie möglich sein, auch seinen introjizierten bösen Persönlichkeitsanteil – seinen „Giftzwerg" – zu wandeln und zu integrieren. Denn dieser ist es, der ihn immer wieder zu Fall bringt und ausbrennen lässt.

„Warum habe ich mich durchgebissen?"

Die Sicherheit und Schutz gebenden Imaginationen dienen der körperlichen Entspannung und psychischen Stress*reduktion*. Sie werden im Verlaufe der Therapie nach Bedarf immer wieder eingesetzt. Der therapeutische Fokus richtet sich dann aber vor allem auf die Veränderung der Stress*verstärker*: Giannis Perfektionismus und Anerkennungssucht, seine Bereitschaft, in die Retterrolle zu schlüpfen, seine destruktiven Denkmuster zwischen Angst, Selbstüberschätzung und wütender Entwertung. Im Gespräch wie auch in der Imagination geht es einerseits um Begegnungen mit dem verletzten inneren Kind, d. h. auch um das Erkennen und Entkräften frühkindlicher traumatischer Erfahrungen; andererseits sind wir gemeinsam hellhörig auf aktuelle Konfliktsituationen am neuen Arbeitsplatz und bereiten gezielt Gespräche, Abgrenzungswünsche und Konfrontationen vor. Gianni ist begeistert von der Wirkungsweise der Imaginationen. In kindlich anmutender Freude schmückt er sie spielerisch mit märchenhaften Elementen aus. Das hilft ihm offensichtlich, den schmerzhaften Schritt zu den Erfahrungen des kleinen, vom Vater sehr verletzten Gianni zu tun.

Die Probezeit ist bestanden, aber Gianni kann sich nicht freuen, kann Lob und Anerkennung kaum an sich heranlassen. Wie ist das zu verstehen? Statt zu entspannen hat Gianni Angst, von Lob abhängig zu werden. Da ist diese bodenlose Bedürftigkeit nach Anerkennung, die nicht zu sättigen scheint und nicht mehr kontrollierbar sei. Freude über Lob und Anerkennung zu empfinden, würde heißen: Du musst noch mehr leisten! Aber Giannis akute Leistungsgrenze wird in diesem halben Jahr bereits sehr deutlich: Er muss sich zeitliche Freiheiten herausnehmen dürfen, um bestehen zu können. Er geht morgens oft erst spät zur Arbeit, muss sich immer wieder mal einen Tag krankmelden, braucht Krankschreibungen vom Hausarzt – und macht Überstunden. Die Therapie geht gut voran, aber nach sechs Monaten bahnt sich eine neue Krise an. Gianni ist sich nicht bewusst, dass er sich auch in seinen Ferien schonen müsste. Er kommt daher recht erschöpft von einer langen Autoreise in den Alltag zurück und erleidet einen Rückfall mit allen Symptomen des Burn-out. In der Imagination sieht er eine Vulkan-Explosion. So geht es ihm: Alles fliegt weg, er muss sich wieder einsammeln. In der erneuten Suche nach einem „Sicheren Ort" sieht er sich auf dem Tafelberg in Kapstadt. Um vor einem Tsunami sicher zu sein, baut er sich auf dem Berg eine Burg mit Stadtmauer, ein Haus aus festem Stein mit bruch- und sprengsicheren Fensterscheiben, worin sich eine mit Schaffell ausgelegte Höhle befindet. Gianni beschreibt seinen dramatischen Zustand so: „Als ich mich versicherte, dass die Burg uneinnehmbar war, das Haus erst recht, Raketen abprallten am Glas, war ich mir sicher, geborgen zu sein, und musste nichts mehr befürchten. Ich konnte loslassen und mich fallen lassen."

Erneut müssen wir mögliche Abgrenzungen durch Struktur- und Arbeitspläne besprechen, Prioritätenlisten erstellen, Teamgespräche vorbereiten und nach Supervision Ausschau halten. Seine Devise – „Wenn ich nicht genug leiste, wenn ich ohne Stress bin, bin ich nichts wert. Wann ist gut wirklich gut? Ich will der Welt zeigen, wie gut ich bin!" – ist noch lebendig in ihm wirksam. Aber er muss sich erlauben, für sich einstehen zu dürfen: Statt Überstunden zu machen, muss er seine Arbeitszeit durch Delegation reduzieren lernen.

Wir arbeiten weiter und Gianni erholt sich. Noch steht er auf Kriegsfuß mit seinen Kindheitserfahrungen und lehnt die Zustände von Bedürftigkeit, Angst und ohnmächtiger Wut, die tief in ihm verwurzelt sind, schamvoll ab. In den Imaginationen jedoch blickt er als Erwachsener auf sein inneres Kind, drückt es ans Herz und wird von Trauer übermannt. Gianni schreibt nachträglich: „Ich drückte den Kleinen sehr fest, sehr stark und musste sehr weinen. Ich hatte ihm so viel Schreckliches angetan, so viel Schmerzen bereitet, ihn so oft übersehen. Andererseits lehnte ich ihn irgendwie ab, hatte Angst vor ihm, er kam mir vor wie ein Stiefkind, mir unbekannt, nicht mein eigen Fleisch und Blut, obwohl ich wusste, dass das nicht wahr war. Ich liebte ihn, liebte das Bild, wie ich ihn hob, und beim zweiten Mal Hinschauen sah ich, wie er lächelte." In anderen Imaginationen begegnet Gianni dem Vater seiner Kindheit, ist dessen Willkür und seinen Machtdemonstrationen massiv ausgesetzt und von Hass gegen ihn übermannt. Von Versöhnung mit Vater und Schicksal kann noch keine Rede sein.

Zu meiner Überraschung bahnt sich nach einem Jahr eine weitere Krise an. Auslöser sind Konflikte mit Kollegen, die ihre Arbeit nicht tun, was Giannis Arbeit betrifft und belastet. Er entscheidet sich, nicht länger in der ohnmächtigen Wut hängenzubleiben. Er kündigt seine Stelle ohne Rücksprache mit mir und ist stolz auf sich. Und er erleidet einen erneuten Zusammenbruch: Paradoxe Gefühle in Extremform, Energieschub bei totaler Erschöpfung, der Körper dreht durch wie im Karussell – so seine Beschreibung –, und er weiß nicht mehr, wer er ist. Sinnlosigkeitsgefühle beschleichen ihn, er will endlich wieder ein normales Leben führen und seine eheliche Beziehung pflegen können. Er ist wütend über die Situation, sich selbst und die Therapie: „Ich stehe am gleichen Punkt wie vor drei Jahren. Warum habe ich mich durchgebissen? Ich will und kann nicht mehr kämpfen." Seine Wut auf sich selbst ist maßlos, steht aber im Gegensatz zur Angst vor drei Jahren: Damals fürchtete er, an Erschöpfung zu sterben. Am liebsten möchte er sich für ein bis zwei Jahre eingraben, in ein Kloster zurückziehen. Gianni klammert sich an das Gebet. „Es tut gut, alles loszulassen vor Gott. Ich habe Zweifel, ob ich etwas verändern kann. Die Hoffnung ist gestorben. Ich weiß nicht, ob ich da rauskomme. Dein Wille geschehe."

„Ich bin doch erlöst!"

Giannis Zusammenbruch kommt für mich unerwartet. Ich hinterfrage die Wirksamkeit von Therapie, von *meiner* Therapie … Wir arbeiten weiter. Zunächst gilt es, Schadensbegrenzung zu leisten. Gianni ist wiederum krankgeschrieben. Wir bereiten die Übergabe seiner Arbeit an einen neuen Kollegen vor. Wir denken über sein Arbeitsfeld nach. Sollte er nicht eher im wissenschaftlichen oder Ausbildungs-Bereich arbeiten und eine therapeutische Verantwortung meiden? Die Arbeitslosen- und Rentenversicherung schalten sich ein. Sollte er vielleicht eine Invalidenrente beantragen? Eine Frage drängt sich auf: Scheitert er an der Überforderung wegen fehlender Strukturen am Arbeitsplatz – oder weil man ihn nicht mag? Eigentlich hat Gianni ein gewinnendes Wesen, aber unter Stress zeigt er eine andere Seite: Er will erneuern, alles besser machen, er kritisiert, stellt in Frage. In der Jugend hatte er Klassenkameraden zynisch fertiggemacht, das wissen wir schon. Er erlebte die eigene Größe durch die Entwertung anderer. Und heute? Gilt das auch heute noch? Gianni hatte mit zwanzig Jahren zum Glauben gefunden und fühlte sich befreit und erlöst. Waren damit seine bösen Charakteranteile unschädlich gemacht? Langsam dämmert es uns: Er sieht sofort die Missstände im neuen Arbeitsbereich und deckt sie auf; er erkennt die Schwächen seiner Arbeitskolleginnen und -kollegen und überhebt sich; als junger Neuling wird er in seinem Perfektionismus zum Besserwisser, zur Bedrohung der Alteingesessenen und von den anderen ausgestoßen. Das aber ist unerträglich für ihn, daran scheitert er letztendlich. Denn über allen Lebensthemen steht ja das eine: Gesehen- und vor allem Geliebtwerdenwollen.

Wir wenden uns Giannis Schattenseiten vertieft zu. Sie zeigen sich auf unterschiedlichste Weise. Die Kehrseite seines Perfektionismus wird erst jetzt, in der aktuellen Auseinandersetzung mit den Ämtern, deutlich. Mit Befremden sehe ich den Schriftverkehr ein: Seine Auskünfte an die Ämter sind schludrig verfasst und voller Fehler! Meine kritische Feststellung, er lasse es ja wohl reichlich an Sorgfalt und Respekt fehlen, löst in ihm trotzige Empörung aus, obwohl es klar ist, wer hier was von wem will: „Ihr könnt mich alle mal … Ich will gar nichts beweisen müssen. Es ist unter meiner Würde", kommentiert der „Giftzwerg" in ihm, dem jegliche Selbsterkenntnis und Betroffenheit abgehen. Wir kennen ihn ja bereits: Der innere „Giftzwerg" ist ein „Zombie, ein aufgeblasener Sumo-Ringer". Vom Großvater hatte der Enkel viel Bestätigung erhalten, sodass er wachsen konnte; aber der „Zombie" ist wohl dessen überheblicher, grandioser Schattenaspekt, dem jetzt endlich die Luft rausgelassen werden muss.

Entmachtung des Vater-Stiers

Bei seiner Bekehrung hatte Gianni erlebt, dass Jesus ihn aufforderte: Zeige mir deine Lebenslügen! Das Sich-Offenbaren war aber wohl auf der Verstandesebene steckengeblieben. Erst die aktuelle Not und die symbolischen Bilder in den Imaginationen führen zu einer echten Erkenntnis all dieser Zusammenhänge. Er *fühlt* jetzt erstmals tiefe Trauer über seine existenziellen Ängste und seine Krankheit und *empfindet* Betroffenheit und Reue über seine zynisch-destruktiven Seiten, die introjizierte destruktive Macht des Vaters, die in Gianni erst noch entkräftet werden muss. In weiteren Imaginationen kommt es zu Begegnungen mit dem Vater.

Gianni wünscht sich einen Engel zur Unterstützung gegen den Vater an seine Seite und sinnt auf Rache, ja er hat geradezu Todeswünsche: Er möchte den Vater am liebsten zertreten, erwürgen oder aus dem Fenster werfen. Der Engel hilft ihm, auch die guten Seiten des Vaters zu sehen. Es kommt also zu einer Relativierung der übersteigerten Gefühle.

Im nächsten Tagtraum kommt der Vater in der Gestalt eines Stiers wutschnaubend auf seinen Sohn zugestürmt, prallt aber an einem Panzerglas ab, das den Patienten und den Engel vor seinem Angriff schützt. Warum ist der Stier so von Sinnen und außer Kontrolle? Er ist selbst verletzt wie im Stierkampf und weiß nicht mehr, was er tut. Das ist Giannis Erkenntnis. Und auch, dass das Kind nicht schuld am Verhalten des Vaters ist. Er sieht noch, wie der Vater schwer- und zugleich wehmütig auf der anderen Seite der Panzerglasscheibe davongeht und nicht auf die Kontaktversuche seines Sohnes reagiert.

Im dritten Tagtraum sieht Gianni ein Zwergen-Männchen wie Rumpelstilzchen, das abwechselnd wächst und schrumpft. Es ist kein natürliches Wachstum, sondern noch immer die zusammengefallene oder aufgeblasene Hülle eines „Zombies". Der Zwerg braucht die Erlaubnis, natürlich wachsen zu dürfen, und die kann er nur vom Vater bekommen. Der wird von zwei Engeln in Handschellen herbeigebracht und spricht die entscheidenden Worte aus: „Du darfst wachsen. Ich entlasse dich und bin stolz auf dich."

Giannis Verhältnis zum Vater der Kindheit ist entspannter, er sehnt sich aber nach Versöhnung. Erst die imaginierte Wahrnehmung, dass auch der Vater einen inneren „Kleinen" hat, macht dies möglich. Gianni schreibt: „Der Kleine meines Vaters sagte mir, dass er mich liebe und mich schätze. Ich dürfe so sein, wie ich bin. Er gab mir zu verstehen, dass es der Fehler des erwachsenen Vaters war. Ich bin in Ordnung, so wie ich bin. Ich war sehr betroffen von der Aussage, dass mein Vater mich im Grunde liebte. Ich habe gelernt, dass es nicht mein Fehler sei, sondern der meines Vaters, der in der Imagination mit dem Stier als krank und von Sinnen entlarvt wurde. Ich gab dem Kleinen die Hand, und es kam zu einer Art Versöhnung. Mein Körper entspannte sich. – Plötzlich entstand ein Bild von mir in meiner Kindheit, so wie ich einst ursprünglich war. Ich war voller Leben, ohne innere kritische Stimmen, einfach frei, spontan und zugleich völlig authentisch. Ich erinnerte mich an eine Situation, in der ich vor Freude schrie, rumtollte und mit Wasser um mich spritzte. Es war ein sehr ursprüngliches Gefühl, in dem ich mich völlig kongruent fühlte und frei war!"

Betroffenheit

Wir arbeiten intensiv weiter an der Entlarvung seiner Schattenseiten und deren Integration. In einer Imagination schaut Gianni sich auf die Finger. Er sieht, wie der rebellisch-böse und verletzte kleine Gianni seine Show abzieht und den Boss spielt. Der große Gianni erkennt zwar die Not, die dahintersteckt, belächelt ihn aber – und ist keineswegs betroffen. „Ich fing an zu sehen, dass ich genau zu ihm war, wie mein Vater zu mir, der mich immer belächelte, mich nicht für voll nahm, mich nicht sah. Ich machte exakt das Gleiche mit ihm und nahm ihn nicht ernst. Deshalb hatte er sich eine Fassade aufgebaut, um sich zu schützen und keinen an sich heranzulassen (so wie ich damals). Ich wurde mir auf einmal meiner eigenen Schuld bewusst und sah, wie ich mich selber bzw. den Kleinen in mir behandelte. Ich schämte mich, hatte Schuldgefühle und war zugleich traurig über mich selbst. Ich war mein eigener Feind geworden, ohne mir dessen wirklich bewusst zu sein. – Ich wandte mich danach direkt an Jesus und bat ihn, mich zu einem guten Vater zu machen, mir die Gnade zu schenken, diese Aufgabe gut auszuüben und mir zu vergeben. Jesus tat dies in einer verständnis- und liebevollen Art und Weise, auch wenn es mir schwerfiel, dies ganz für mich anzunehmen." Betroffenheit und auch Demut sind für Gianni noch weitgehend unbekannte, neu zu erlernende Emotionen.

Den Kopf über Wasser halten

Rückblick: Nach der Kündigung der Arbeitsstelle hatte ich Gianni zur Imagination das Motiv „Weg" vorgegeben. Er befand sich im Meer und fühlte sich wie an einem falschen Ort: „Ich habe Mühe, den Kopf über Wasser zu halten; ich sollte nicht im Wasser sein. Aber an Land ist es felsig. Um da raufzukommen, muss ich am Wasser entlang durch zehn Buchten laufen. Ich finde einen Weg durch Sand und Gras und kann mich auf einer Düne ausruhen." Nach sechs Monaten größter Anstrengung, den Kopf über Wasser zu halten – Gianni war nie in einer Klinik –, hat er die zehn Buchten durchquert, ist angekommen und hat eine neue Arbeitsstelle mit 70 Prozent im sozialpädagogischen Ausbildungsbereich angetreten. Hier hat er keine therapeutische Verantwortung, muss nichts neu entwickeln, sondern kann sich auf vorhandene Arbeitsunterlagen stützen. Assessments und Gutachten fallen ihm leicht. Er hat viel Freiraum bei der Arbeit, der Arbeitsplatz ist ruhig und ohne Störungen, die Arbeit ist vorhersehbar und gut strukturiert. Aber es kommt regelmäßig zu Energieverlust im Verlaufe der Woche, und er bleibt empfindlich gegenüber Stress. Er benötigt noch immer sehr viel Schlaf und nimmt zeitweilig Schlaftabletten. Sonntagabends hat er Anspannungen im Bauch. Da hilft ihm die imaginierte Vorstellung, dass er seinen inneren kleinen fröhlichen Gianni mit sich zur Arbeit nimmt, mit ihm durch den Garten vor dem Arbeitsplatz spazieren geht, an den Rosen riecht und gemütlich Tee trinkt. Die ihm wichtigste Erkenntnis ist, nichts erzwingen zu wollen.

Einen Drachen steigen lassen

Wir beenden die Therapie mit einer Sitzung zu dritt. Ich lerne Giannis Frau kennen, die ich während der Jahre im Hintergrund wirkend und stützend erlebt habe. Wir blicken zurück auf die vielen Gespräche und Imaginationen, von denen hier nur ein kleiner Ausschnitt sichtbar gemacht werden konnte. Die Espositos wünschen sich eine gemeinsame Imagination zum Thema „Liebe geben und Liebe empfangen". Sie lassen jeder für sich Symbole der Liebe vor dem inneren Auge entstehen und einigen sich dann auf ein gemeinsames Bild, das Miteinander-Spielen am Meeresstrand. Manchmal kommen auch mir beim Zuhören und Protokollieren eigene Bilder. Ich sehe, wie das Paar einen Drachen steigen lässt.

GEFANGEN IN DER NEGATIV-SPIRALE
Ines Emptmeyer

Ines Emptmeyer, Jahrgang 1977, ist sozialpädagogische Mitarbeiterin an der Evangelischen St.-Matthäus-Gemeinde in Bremen.

Ich darf skeptisch, ironisch, sarkastisch und kritisch sein. Ich hab es selbst erlebt: eine Zeit hinter verschlossenen Türen. Tage, in denen die Abteilung der „Klinik für Menschen mit psychischen Problemen" zur geschlossenen Abteilung wurde. Tage, an denen ich dachte, ich sei im falschen Film, weil ich es doch immer war, die anderen half! Jetzt sollte ich auf einmal in der morgendlichen Befindlichkeitsrunde erzählen, wie ich geschlafen hatte und ob die Nacht gut war? Moment, fangen wir von vorne an!

Wie oft liefen mir die Tränen. Einfach so, grundlos. Wie so oft konnte ich sonntagabends bei Rosamunde Pilcher nicht mehr aufhören zu weinen, schleppte mich weinend ins Bett und verdrängte mit letzter Kraft die Gedanken an die kommende Woche. Die vergangenen Jahre waren voll von solchen Szenen. Viele Menschen, viel Verantwortung, viele Gedanken, viele unerfüllte Sehnsüchte, viele Emotionen, viele Ehrenämter, viele Stationen, Jobs, Umzüge,

Neues. Ich zog wieder um. Eine neue Station mit neuem Job. Für mich war es eine Aufgabe, Teil einer Berufung zu etwas ganz Großem. Die von Gott gegebenen Gaben einzusetzen, Gott zu dienen! Dabei war die Sehnsucht in mir eine ganz andere: Hausfrau und Mutter sein. Ankommen, Nest bauen, entschleunigen. Doch offenbar war ich nicht zu dem berufen, wonach ich mich sehnte. Innen und außen passten nicht zusammen. Vor lauter „action", lauter Herausforderungen, Möglichkeiten, offenen Türen erlaubte ich es mir nicht, auf mein Herz zu hören, dem Ort, dem die Sehnsüchte entspringen. Nur manchmal traten sie an die Oberfläche, aber dann vermischten sie sich mit Rosamunde-Pilcher-Tränen, und das machte mir unmöglich, auf sie zu hören. Also ging es weiter. Auf zu immer wieder neuen Ufern!

Neuer Ort, neuer Job, neue Wohnung

Ich galt als Deko-Queen und Wohnungseinrichtungs-Fan, und deshalb war es für mich selbst und manche Freundin verwunderlich, dass ich so gar nicht an die Umzugskartons ran wollte. Als ich am Sonntagabend vor Beginn des neuen Jobs noch 400 Kilometer von meiner neuen Heimat entfernt in einem See schwamm und so gar nicht losfahren wollte, fragte mich meine Freundin, ob das wohl die richtige Entscheidung gewesen sei.

So wie es begann, ging es weiter. Schnell sah ich alles negativ. Mir wurde alles zu viel. Ich wurde entgegen meinem Naturell sehr motzig, genervt, und die Sunshine-Eigenschaften – meine Ermutigungsstärke, meine Gabe zu motivieren, zu begeistern, die Dinge positiv zu sehen – wichen negativen Stimmungen. Ich erkannte mich selbst nicht mehr wieder. Es nervte mich, wenn jemand mit der Kaffeetasse im Türrahmen stand, und ich musste mir schwer auf die Zunge beißen, um nicht feldwebelmäßig zu fragen: „Hast du nichts zu tun?!" Es regte mich auf, wie langsam die anderen zum Kopierer gingen, wie viel Zeit sie verbummelten … Je mehr negative Gedanken ich entwickelte, je mehr Dinge mich nervten, je mehr doofe Kommentare ich machte, desto mehr wuchs mein schlechtes Gewissen, übte ich mich in Selbstkritik, ja in Verachtung meiner selbst. Ich schlief mit schlechtem Gewissen ein, enttäuscht von mir selbst. Ich bekam Bauchschmerzen und am Ende eine Magenschleimhautentzündung. Ob bei der Arbeit oder bei ehrenamtlichen Aufgaben, immer häufiger fragte ich mich, was ich hier gerade eigentlich machte, selbst in Situationen, in denen ich eigentlich froh und dankbar sein konnte, weil ich positives Feedback bekam. Ich konnte kaum noch irgendwo Positives sehen und begann, mich ständig mit anderen Menschen zu vergleichen – wobei ich immer schlecht abschnitt. Es gab nur noch wenige Sachen, an denen ich mich freuen konnte. Wenn ich Komplimente bekam oder ein positives Feedback, dann empfand ich selbst das als Druck, nämlich noch besser zu werden oder erklären zu müssen, warum das Lob gar nicht mir gebührte, sondern anderen Leuten, die mir geholfen hatten. Ich war gefangen in einer Negativspirale und verurteilte mich gleichzeitig dafür. Von Woche zu Woche wurde das Leben anstrengender. Dazu kam: Je länger ich im Job war, desto voller wurde mein Terminkalender. Mit der bevorstehenden Weihnachtszeit wuchsen außerdem die ehrenamtlichen und privaten Termine. Das berühmte „Hamster im Rädchen-Gefühl" überkam mich, und ich sehnte mich immer mehr nach freien Minuten. Sehnsüchtig lebte ich auf die Uhrzeit hin, wo es endlich „erlaubt" war, ins Bett zu gehen. Doch der Schlaf bot keine Erholung. Meine Gedanken überschlugen sich. Nächte mit ständigem Licht an, Licht aus, Notizen machen, Gedanken aufschreiben, Notizen machen, To Dos notieren, Tees trinken gegen Bauchschmerzen oder zur Beruhigung. Ob Schokolade essen (Nervennahrung!) und Bibellesen gegen das immer heftiger werdende Herzklopfen half? Es half nicht. Ich nahm zu und bekam auch an dieser Stelle noch mehr Druck und ein schlechtes Gewissen. Ich fühlte mich nur noch dick, fett, hässlich, nervig, negativ und begann mir die Frage zu stellen, was Gott denn mit einem so negativen, destruktiven Menschlein wie mir auf dieser Erde überhaupt anfangen sollte. Ich gab Vollgas. Mein neuer, unbewusster Plan: Ich arbeite mich einfach tot. Nachts packte ich Päckchen an Freunde, die Geburtstag hatten, schrieb ein Ermutigungskärtchen nach dem anderen für Menschen, denen es nicht gut ging und die Ermutigung brauchten. In freien Minuten nahm ich Freundinnen ihre Kinder ab, kämpfte dann während des Kinderbespaßungsprogramms gegen Tränen und Selbstmitleid an, weil ich doch selbst so gern Kinder gehabt hätte und, statt die eigenen zu versorgen, nun neben meinem vollen Terminkalender auch noch die Kinder meiner Freundinnen bespaßte. Egal, weitermachen. Volle Kraft voraus. Woche für Woche, Tag für Tag.

Dem Leben ein Ende setzen?

Dann fuhr ich eines Tages zum Geburtstag einer Freundin. Lange hatte ich Geburtstagsfeiern und Gottesdienste gemieden, um nicht mit dem Glück anderer konfrontiert zu werden. Bloß nicht sehen, dass andere schöner, dünner, begabter, erfolgreicher sind, außerdem verheiratet und mit Baby. Und dann sah ich prompt all die schönen, glücklichen, begabten jungen Frauen, die attraktiven Paare … Als ich nachts zurückfuhr, heulte ich wie ein Schlosshund und tat mir selber leid. Der ganze Schmerz, die ganze Erschöpfung brachen aus mir heraus – vielleicht auch das ganze Selbstmitleid. Ich fuhr schneller und schneller, die Tränen flossen, in einer Kurve drückte ich richtig aufs Gas. Kurze Zeit danach stand ich tränenüberströmt, schluchzend, erschöpft und mit Herzklopfen auf einem Parkplatz irgendwo in der Walachei. Es war zu viel, was ich unter dem Deckel halten wollte. War ich tatsächlich so schnell gefahren, um meinem Leben ein Ende zu setzen? Zum Glück hatte ich Angst vor meiner eigenen Courage bekommen. Und doch wollte ich raus und weg von allem. Dem Hamsterrädchen ein Ende setzen. Schluss, aus, vorbei. Es war dunkel, mein Handy hatte keinen Empfang, und ich wusste, dass ich am nächsten Tag 200 Kilometer entfernt sein sollte, für ein ganzes Wochenende. Aber nicht zur Entspannung, nicht in einem Wellness-Hotel, nicht so, wie ich es eigentlich gebraucht hätte. Ich sollte das Wochenende zusammen mit einer Freundin als Leiterin einer Frauengruppe verbringen. Über achtzig Frauen wollten wir etwas Gutes tun – zumeist kirchendistanzierten Frauen, die Gott nicht kannten und denen wir ein großer Segen sein wollten. Wieder geben, geben, obwohl nichts mehr da war, was ich hätte geben können. Dasselbe Programm hatte ich kurz zuvor schon einmal durchgeführt, und eigentlich hätten das durchweg positive Feedback und die euphorischen Glücksgefühle beim Abschluss meinen „Tank" füllen und mir unendlich viel Motivation für das kommende Wochenende geben sollen. Stattdessen sagte ich nun, im Auto sitzend, zum ersten Mal aus tiefem Herzen in die Nacht hinein einen Satz, der mich selbst erschrecken ließ: „Ich kann nicht mehr, ich will nicht mehr leben, ich will in den Himmel." Da saß ich nun, die strahlende Motivationsbombe. Jämmerlich klein und hoffnungslos. Vielleicht war es gut, dass ich keinen Handyempfang hatte und dass es ohnehin zu spät war, um jemanden anzurufen. Jeder hätte mir geraten, das Wochenende abzusagen. Doch ich zog es durch.

Am nächsten Tag duschte ich, ging zur Arbeit, fuhr nach der Arbeit nach Hause, packte meine Sachen, lud die Kisten mit Deko, Kerzen und anderen Materialien ins Auto, fuhr zum Blumenladen und holte die vielen vorbestellen wilden Rosen ab, von denen jede Frau eine an ihr Bett gestellt bekommen sollte, um auch beim Schlafengehen kostbare Momente zu erleben. Dann trat ich die Reise ins weit entfernte Städtchen an. (Dass ein vernünftiger Mensch wohl keine Stunde Umweg in Kauf genommen hätte, um genau diese Rosen zu bekommen statt einfacher Supermarkt-Rosen, sei an dieser Stelle nur kurz angemerkt.) Ich zog das Programm durch. Ich tanzte und flog innerlich durch das Wochenende. Bis tief in die Nacht führte ich seelsorgliche Gespräche, früh um sieben Uhr ermutigte ich die anderen Mitarbeiterinnen, versprühte Begeisterung, Herzlichkeit und Ermutigung für jede, die es brauchte. Am Ende des Wochenendes fuhr ich in der Kurve kurz vor meinem Heimatstädtchen (das mir keine Heimat war) ganz langsam. Wieder weinte ich. Noch im Auto rief ich meine beste Freundin an und erzählte ihr von den vergangenen Tagen. Sie blieb ganz ruhig, fragte mich, ob sie mir etwas vorlesen dürfe, und las mir dann aus dem Internet die Wikipedia-Definition von „Burn-out" vor. Ich war damals mittendrin in einer Seelsorgeausbildung und dachte eigentlich, dass ich mich mit psychischen Problemen bestens auskennen würde. Doch das, was meine Freundin mir da vorlas, hörte sich an wie etwas, von dem ich noch nie gehört hatte. Weil ich es zum ersten Mal auf mich bezog. Ich hörte nicht mehr mit den Ohren für andere. Begriffe wie „innere Leere", „keine Kraft, keine Begeisterung", „alles negativ sehen, schlecht machen", „schlafen und trotzdem müde sein", „Hamster im Rad", „körperliche Anzeichen wie Magenprobleme, Herzrasen, Kopfschmerzen, hoher Blutdruck, Schlafstörungen, kribbelnde Finger" – das waren doch alles meine Worte und Empfindungen. Ich weinte und weinte und weinte und saß jämmerlich zusammengekauert im kalten Auto vor meiner Haustür in einer neuen Stadt, in der ich niemanden richtig gut kannte … Ich versprach meiner Freundin, gleich am nächsten Tag zum Arzt zu gehen.

Ich brauche Hilfe!

Ich glaube, ich saß drei Stunden im Wartezimmer. Ich hatte noch nicht mal mehr die Kraft, negativ zu sein. Die vielen alten Leute im Wartezimmer nervten mich nicht, sie waren mir egal. Mir war alles egal. Egal, wie lange ich warte, egal, was aus mir wird, egal, was in diesem Leben noch kommt. Ich ging ins Behandlungszimmer, der Arzt kam, und ich brach in Tränen aus. Ich hatte das Gefühl, auf diesem Stuhl in der Praxis bricht ein Kartenhaus zusammen, und es wird sehr viel Liebe und Zeit brauchen, um es Stück für Stück wieder aufzubauen. Die Frau des Arztes war Psychotherapeutin; er rief sie sofort an und fragte sie, ob ich gleich kommen könne. Ich, die ich anderen Seelsorge gebe, sollte zu einer „weltlichen" Psychotherapeutin! Aber auch das war mir jetzt egal. Ich wusste von Freunden, dass die Psychotanten, wie ich sie nannte, die auf Kasse arbeiten, überall eine Wartezeit von bis zu sechs Monaten haben. Also tat ich, was der Arzt empfahl. Beim Hinausgehen sagt er noch, dass er sich Sorgen um mich mache und dass er mich nun jeden Abend anrufen werde. Ich dachte nur: „Meister, ich bin es gewohnt, Dinge durchzuziehen, und wenn du mich in den vergangenen drei Tagen mit achtzig Frauen erlebt hättest, wüsstest du, wie gut ich den Schalter umlegen kann. The show must go on, so ist mein Leben."

Doch schon sein erster Anruf am Abend tat gut. Ein fremder Arzt in einer fremden Stadt, der nur wissen wollte, ob ich noch lebe. Das war schön und seltsam zugleich. Schön daran war, dass es um mich ging. Und schön war auch, dass er mich und meine Situation ernst nahm. Ein guter Freund hatte ganz anders reagiert:

„Jetzt schläfst du mal ordentlich, isst was Gutes, kaufst dir Obst, und dann sieht morgen die Welt wieder ganz anders aus. Immerhin hast du einen neuen Job, da kann man sich nicht so gehen lassen. Reiß dich zusammen!" Der Freund aus Kinderzeiten, der Unternehmer, der ohne „Durchziehen" sicher nicht so erfolgreich geworden wäre, wie er heute ist, war restlos überfordert. Dass die starke, immer fröhliche Freundin aus frühen Jahren nach so vielen Jahren schlapp macht? Unvorstellbar.

Bei anderen Menschen ging es mir oft nicht anders. Es ist einfacher, einen Arm in Gips zu haben, als innerlich krank zu sein. „Du siehst aus wie immer, so schlimm kann es ja nicht sein", hörte ich, als ich begann, mit der Situation offen umzugehen. Ich schrieb meinen Freunden eine E-Mail mit der Bitte, nichts von mir zu erwarten. Ich könne gerade nicht mehr. Es wäre alles zu viel. Ich fuhr zu einer Freundin nach Stuttgart, die sich fortan um meine Banksachen, den Kontakt zu meinen Eltern und um manche Ehrenämter kümmerte. Heute sagt sie noch oft, dass sie mich damals nicht wiedererkannt hat. Wir besuchten den Weihnachtsmarkt, aber ich wollte nur Reißaus nehmen. Ich konnte nichts genießen, ich wollte Ruhe. Die Freundin kämpfte mit mir und der Psychotherapeutin dafür, noch vor Weihnachten einen Klinikplatz für mich zu bekommen. Doch es war nichts zu machen. Alle Kliniken, die ich in Erwägung zog, waren voll. Weihnachten: eine Zeit, in der das dunkle Innere bei vielen nach außen kommt? Von einem Tag auf den anderen entschied ich: So geht es nicht mehr weiter, ich gehe in eine Akutklinik. Da kann man einfach hinfahren, wusste ich. Sie muss nur in der Region sein. Mir war egal, ob sie einen guten oder einen schlechten Ruf hatte. Ich wollte nur noch weg, nicht mehr konfrontiert sein mit dem Glück anderer Menschen, sehen, wie sie mit dem Leben zurechtkommen. In der Nacht vor der Fahrt in die Klinik schrieb ich Karten über Karten, packte Kekse in Tütchen, schrieb ermunternde Worte, suchte christliche Blättchen zusammen und verteilte alles in den Briefkästen meiner Nachbarschaft. Statt zu schlafen, statt mich innerlich auf die Klinikzeit vorzubereiten, nutze ich die letzten Minuten, um „für Gott noch ein wenig sinnvoll zu sein in meiner neuen Stadt". So sah ich das. Heute sage ich mir: Ich war echt schräg drauf.

Meine Zeit in der Klinik

Einen gefühlt hundert Meter langen Gang musste ich gehen, bis ich an die große Tür kam, an der man klingelte, um von einer Krankenschwester eingelassen zu werden. Tränenüberströmt und völlig erschöpft saß ich dann auf dem Gang vor dem Zimmer des Arztes, in dem das Aufnahmegespräch stattfinden sollte. Im Gepäck meinen Laptop, viele Unterlagen zum Durcharbeiten, haufenweise Bücher und Kärtchen für andere Patienten. Je mehr seltsame Leute an mir vorbeigingen, desto mehr fiel ich in Selbstmitleid. Gesichter voller Tränen, Arme mit Narben vom Ritzen, gesenkte Köpfe, hängende Schultern. Wie diese Menschen um mich herum aussahen, so fühlte ich mich. Endlich angekommen an einem Ort, an dem ich nicht mehr lachen, strahlen und funktionieren musste. Dann die Untersuchung. Erst wurden alle körperlichen Sachen abgeklopft und untersucht. Dann das Aufnahmegespräch. Familienstand: ledig. Der Arzt, Anfang vierzig, sehr attraktiv, fragte nach: „Nicht verheiratet, aber liiert?" – „Nein, nicht liiert, Single. Und das schon seit dreißig Jahren." Ich weinte und weinte. Ich war eine alte Jungfer! Nicht mehr als ein Häufchen Elend.

Wir führten unser Gespräch und ich erntete Tipps. Ich solle mir mal die vielen tollen Patienten näher anschauen. Hier wäre doch die Gelegenheit zum Ausprobieren. Da seien auch Manager-Typen dabei – mit Burn-out, tolle Männer! Da würde ich bestimmt wieder aufblühen.

Ich wollte nicht diskutieren und hörte mir verschrocken alles an, frei nach dem Motto: „Prüfet alles, bewahret das Gute". Dabei wollte ich jetzt gar nichts entscheiden, gar nichts tun, einfach nur sein. Nach wenigen Tagen stellte sich jedoch heraus, dass ich zwar gerade meinen Job und meine Ehrenämter nicht mehr ausführte, aber mein Helfersyndrom, der unbedingte Wille, für andere zu leben, flammte in diesem Umfeld erst richtig auf. Ich nutzte die evangelistische Chance und lud in mein Einzelzimmer ein, um Weihnachtslieder zu singen und die Weihnachtsgeschichte zu lesen. Ich führte viele, viele Gespräche. Über die Nachtschwester, mein Amazon-Konto und mein Online-Banking besorgte ich für meine Mit-Leidensgenossen ein Buch nach dem anderen. Ich war eine der wenigen, die ein Auto vor Ort hatten. Regelmäßig schlichen wir uns davon und machten lustige Ausflüge. Ein Zeuge Jehova wurde mir zum Freund. Er tat mir gut. Er war witzig, wir redeten viel über Gott, und wir gingen fast täglich spazieren. Ich war nicht ruhig zu bekommen – und ich erntete Dank: Täglich bekam ich Post von überall her. Offensiv mit meinem „Zustand" umzugehen, schien der richtige Weg zu sein. Jede Woche wurden bis zu 50 Karten, Briefe und Päckchen in mein Einzelzimmer gebracht. Einmal rief mich die Dame aus dem Verwaltungsgebäude zu sich und fragte: „Wer sind Sie? Was sind Sie für ein Mensch? So viel Post! Eine Karte schöner als die andere. Von überall her. Künstlerische Schriften, wunderschöne Päckchen." Ich erzählte ihr von unserem christlichen Netzwerk, aber schon während ich von all den Kontakten und Freunden erzählte, merkte ich, dass vielleicht nicht alles, was sich um mein Leben gruppiert hatte, gut für mich war.

Die Ärzte zogen derweil ihre eigenen Schlüsse: Wenn ich nicht ruhig zu bekommen sei, müsse ich eben ruhiggestellt werden. Ich bekam Schlaftabletten und schlief tatsächlich eine Woche durch. Weihnachten bei einer Freundin war schön und harmonisch, aber ich merkte wieder, wie das Glück der anderen mich quälte. Silvester wollte ich deshalb lieber in der Klinik bleiben. Man erzählte mir, dass wirklich nur die Härtefälle dableiben würden, und fragte mich diverse Male, ob ich mir wirklich sicher sei … Ich blieb. Es gab Raclette. Niemand sprach ein Wort, alle Köpfe waren gesenkt. Ich versprach den Schwestern, mit darauf zu achten, dass mit den Raclette-Geräten nichts passierte. Ich war in der Tat die Fitteste. Ich räumte die Spülmaschine ein, legte mich dann schlafen und beschloss, im neuen Jahr keine Medikamente mehr zu nehmen.

Das nächste erwähnenswerte Ereignis war der Besuch eines attraktiven Arztes um die Vierzig, von dem ich inzwischen wusste, dass er fünf Kinder hatte. Er kam nach dem Spätdienst in mein Zimmer und gab mir unmissverständlich zu verstehen, dass auch er bereit wäre, mir die noch fehlenden Erfahrungen zu vermitteln, da sich ja offensichtlich bisher kein Patient gefunden habe … Irgendwie ging er dann auch wieder. Ich weiß davon nicht mehr viel. Ich weiß nur, dass ich den Arzt wechselte, dass ich beschloss, genug geruht zu haben, und dass ich mich auf meine Abreise vorbereitete. Am besten taten mir das morgendliche Joggen mit meinem Zeugen-Jehova-Freund und die Spaziergänge mit ihm. Bewegung, gute Luft, Natur. Ich beschloss, zu Hause mit dem Joggen anzufangen. Auch andere Ziele setzte ich mir: eine seelsorgliche Begleitung, mehr Zeit für Hobbys, mehr Zeit fürs Nichtstun und In-der-Sonne-Liegen, dazu Fernsehen auch tagsüber, kreativ kochen, niemanden mehr anrufen *müssen*.

Für manchen sind Ruhe, Klinik, Medikamente und Therapie bestimmt genau das Richtige. Ich kam an den Punkt, wo ich merkte: Das ist nicht mein Weg. Aus der Klinik entließ ich mich deshalb selbst. Die Medikamente schmiss ich weg. Die Therapie fühlte sich an, als wenn ich übertherapiert wäre. Zu viel Reflexion, zu viel In-der-Kindheit-Wühlen, das machte mich lebensunfähig. Was mir gut tat, war, mein Leben zu entschleunigen. Im Jetzt zu leben. Einfach zu *sein*. Und mir zuzugestehen, dass das Umgewöhnen lange dauern darf, denn die alten Gewohnheiten und alles Krankhafte durften ja auch über Jahre wachsen. Ich genoss es, als zwei gute Freunde mehr als hundert Kilometer anreisten, um dann mit drei Töpfen auf der Matte zu stehen und mir den ersten Abend zu Hause richtig schön zu machen. Ich badete in Kärtchen und Zettelchen, die meine Freunde und Arbeitskollegen in meiner Wohnung verteilt hatten, obwohl ich doch erst drei Monate an der neuen Stelle gearbeitet hatte. Ich empfand es als großes Geschenk, dass eine befreundete Familie mir ihre Türen öffnete – zu ihrem Haus, zu ihrem Kühlschrank und zu ihren Herzen – und ich fortan bei ihnen jederzeit ein- und ausgehen konnte. Ich war krankgeschrieben und genoss es, bei dieser Familie einfach mitleben zu dürfen. Ich aß dort, hängte ab, kaufte ein, brachte manchmal die Kids in den Kindergarten; wir tranken stundenlang Kaffee, gingen spazieren, beteten, lachten, hofften, rangen … Und ich meldete mich zu einem Marathon-Training an. Es wurde mir zum absoluten Segen! Unsere Gruppe joggte monatelang bis zu fünf Mal in der Woche. Ich hatte morgens einen Grund aufzustehen, und abends ging ich ins Bett mit dem Gefühl, etwas getan zu haben. Die Natur, die Jahreszeiten, die Leute, Wind und Wetter wurden mir zum Segen. Ich weiß: für andere passt das gar nicht. Für die wäre das der pure Stress. Für mich ist es ein Weg – ein Weg aus meinen eingefahrenen Mustern, die mich krank gemacht haben.

AM ENDE DER KRAFT
Andrea Juhler

Andrea Juhler, geboren 1963,
ist ausgebildete Erzieherin und
lebt als Familienfrau in War-
tenberg/Pfalz.

Warum bin ich so traurig? Wa-
rum ist mein Herz so schwer?
Auf Gott will ich hoffen, denn
ich weiß: Ich werde ihm wieder
danken. Er ist mein Gott, er
wird mir beistehen. Psalm 42,6

„Mama! Das Auto! Bremsen!"

Meine Knie zitterten noch immer. In letzter Sekunde hatte ich das Auto noch nach links ziehen können. Nun hielten wir am Fahrbahnrand, und mir war zum Erbrechen übel.

„Mensch, Mama, hast du nicht gesehen, dass der angehalten hat?"

Nein, ich hatte nichts bemerkt. Ich war mit meinen Töchtern zu einem Termin in der Stadt gewesen, und nun waren wir auf der Heimfahrt. Der Wagen war in einiger Entfernung vor mir hergefahren, ich in Gedanken versunken hinter ihm her – dass er plötzlich stehenblieb, hatte ich nicht bemerkt. Erst das panische Schreien meiner Töchter hatte mich aus meinen Gedanken gerissen. Was hätte passieren können, wenn ich alleine unterwegs gewesen wäre? Nicht auszudenken auch, was geschehen wäre, wenn ich mit den Kindern im Auto und mit dieser Geschwindigkeit ungebremst auf den Wagen geprallt wäre!

Ich kann mich eigentlich nur an die Müdigkeit erinnern, die in dieser Zeit mein ständiger Begleiter war. Viele Abläufe im Laufe des Tages geschahen mechanisch, ohne großen Antrieb, routiniert, weil ich sie über Jahre hinweg eingeübt hatte. Doch zunehmend fehlte mir auch für die eingespielten Abläufe die Kraft. Manchmal saß ich schon am frühen Morgen im Wohnzimmer im Sessel und heulte. Wie sollte ich den Tag bestehen? Mir ging nur eine Bitte durch den Kopf: „Oh Herr, lass Abend werden! Ich kann schon jetzt nicht mehr."

Wann diese Erschöpfung mich ergriffen hatte, weiß ich nicht mehr. Sicher war es die Länge, die die Last trug. Über zehn Jahre waren nun schon von unterschiedlichen Belastungen geprägt. Der Beruf meines Mannes brachte es mit sich, dass wir immer wieder umzogen. Nach dem schweren Verkehrsunfall meines Schwagers und seiner Familie entschieden wir uns, in die Nähe meiner alten Schwiegereltern zu ziehen. Mein Schwager verstarb Monate später an den Folgen des Unfalls. Anfangs fuhren wir jede zweite Woche am freien Tag meines Mannes zu den alten Eltern, um ihnen in Haus und Garten zu helfen. Die Aufgabe wurde schwieriger und größer, als mein Schwiegervater an Alzheimer litt und zunehmend pflegebedürftig wurde. Nur für unsere vier Töchter war es immer ein Highlight, bei den Großeltern zu sein: Der große Garten und wunderbare Plätze zum Spielen boten Abwechslung zu ihrem Alltag in der Stadt. Mein Mann und ich spürten aber bald, dass uns der freie Tag in der Woche fehlte. Aber wir waren jung. Und waren wir nicht 500 Kilometer umgezogen, um in der Nähe der Eltern zu sein? Ja, hier war unsere Aufgabe, und wir würden das schon schaffen.

Eines Tages rief eine Krankenschwester von der Sozialstation an und teilte uns mit, dass es mit den beiden Alten so nicht weitergehen könne. Die Schwiegermutter sei am Ende ihrer Kraft, und selbst mit Unterstützung ihrer Schwester, einer pensionierten Diakonisse, sei die Pflege und Versorgung nicht mehr gewährleistet.

Nach einigen Überlegungen beschlossen wir, die beiden zu uns zu holen. Zu diesem Zeitpunkt war unsere jüngste Tochter drei Jahre alt, und ich erinnere mich daran, dass ich den Schwiegervater fütterte und ihm dabei Bilderbücher von den Kindern zeigte, weil er dann leichter aß. Gott war gnädig, und zehn Tage nach dem Einzug starb er an den Folgen eines Lungenemphysems im Alter von 88 Jahren.

Im darauffolgenden Winter erkrankte meine Schwiegermutter an einer Grippe, von der sie sich nur schwer erholte. Erst die Freude, ihren 80. Geburtstag feiern zu dürfen, gab ihr wieder neuen Lebensmut. Vom Tag ihres Geburtstages an hatte ich allerdings den Eindruck, dass sie beschlossen hatte, alt und hilfsbedürftig zu sein. Immer wieder erzählte sie, dass sie selbst ihre beiden Schwiegermütter zehn Jahre gepflegt habe – und nun sei ich ja da. Vielleicht wollte sie mir gar nicht sagen, dass ich alles genauso machen müsse wie sie. Aber der Druck, den ich empfand, war groß, und meine Schwägerin, die mich hätte entlasten können, hatte wieder geheiratet und war ins Ausland gezogen.

Zunächst machte die Dankbarkeit, die meine Schwiegermutter uns gegenüber zeigte, die Aufgabe leicht. Wenn wir in den Urlaub fahren wollten, kam ihre Schwester und kümmerte sich um sie, und auch einen freien Tag mit den Kindern gab es nun wieder regelmäßig. Ältere Gemeindemitglieder nahmen Anteil am Ergehen unserer Oma, und in der Gesellschaft von Gleichaltrigen blühte sie auf. Sie musste sich um nichts mehr kümmern und konnte ihren Lebensabend genießen.

Immer müde

Dennoch bemerkte ich in dieser Zeit zum ersten Mal, dass ich mit Schlafproblemen zu kämpfen hatte. Wir planten eine Gemeindefamilienfreizeit, und ich sollte die Kinderstunden leiten. Bis dahin war es für mich ein Ausgleich zum Familienalltag gewesen, mich ehrenamtlich in unserer Gemeinde zu engagieren, aber nun merkte ich, wie mich die Vorbereitungen für die vierzehntägige Freizeit stressten. Ich versuchte mit Hilfe verschiedener „Mittelchen" zur Ruhe zu kommen und wieder in einen Schlafrhythmus zu finden, aber es half nichts. Zusätzlich bekam ich einen juckenden Hautausschlag. „Sie haben einfach zu viel um die Ohren", war alles, was mir der Arzt dazu sagen konnte.

Seltsamerweise schlief ich am ersten Abend im Freizeitheim wie ein Baby, tief und fest. Der Schalter war umgelegt, die Vorbereitungen waren abgeschlossen, und ich konnte schlafen. Der Ausschlag verschwand.

Doch dann stand der nächste Umzug an. Trotz ihrer zunehmenden Gebrechlichkeit stimmte meine Schwiegermutter einer erneuten Versetzung meines Mannes zu. Dieses Mal ging es knapp tausend Kilometer Richtung Süden. Die gesamte Familie freute sich auf die Veränderungen. Aber so einfach wie erhofft wurde es für uns alle nicht. Unsere Jüngste fand sich im neuen Kindergarten nicht zurecht und weigerte sich ein halbes Jahr lang, ihn zu besuchen. Die Älteste litt unter den neuen Klassenkameraden und zog sich immer mehr zurück. Eine andere Tochter trauerte um die verlorene Freundin, mit der sie bisher alles geteilt hatte, und reagierte mit Schlafstörungen. Außerdem machte uns allen das Klima in dieser Region zu schaffen. Wir waren so oft krank wie nie zuvor, und meine Schwiegermutter erlitt einen Herzinfarkt, von dem sie sich nie mehr richtig erholte. Da mein Mann beruflich sehr gefordert war, lag die Hauptlast der Familienarbeit bei mir. Die Pflege der Schwiegermutter nahm einen immer größeren Raum im Tagesablauf ein. Die Freude auf das Neue wandelte sich in Enttäuschung und Entmutigung.

Spirale abwärts

Wir waren gerade ein Jahr am neuen Ort, da erhielt mein Mann eine Berufung in eine Leitungsaufgabe, der ich schweren Herzens zustimmte. Die beiden älteren Mädchen verknüpften mit einem erneuten Umzug die Hoffnung, dass sich ihre Situation verbessern würde, und so zogen wir wieder los. Sieben Personen, von der Stadt aufs Land, in eine völlig veränderte Lebenssituation. Rückblickend würde ich heute, mehr als sieben Jahre später, sagen, dass sich die Spirale von diesem Punkt an abwärts bewegte. Bis dahin hatte ich immer das Gefühl, dass es vielen anderen Menschen in meiner Umgebung nicht anders erging als mir, dass meine Situation nicht dramatisch war, sondern dass hohe Anforderungen in Familie und Beruf einfach zu dieser Lebensphase gehörten. Mein „Berufsfeld" war die Familie, und ich wollte meine Arbeit gut machen. Heute frage ich mich, wem ich eigentlich etwas beweisen wollte. Hatte ich vielleicht das Gefühl, um meine „Daseinsberechtigung" als Hausfrau, Mutter und Altenpflegerin kämpfen zu müssen?

Und doch machte ich gerade in dieser Zeit viele tiefgreifende geistliche Erfahrungen. Sie gaben mir immer wieder Kraft, ein Ja zu meiner Situation zu finden, auch wenn sie mich oft an den Rand der Belastbarkeit brachte. Die Liste meiner Ehrenämter in der Gemeinde und im Dorf wurde immer länger, und sie schafften mir einen Ausgleich zu meinen häuslichen Aktivitäten. Ich erfuhr dadurch Wertschätzung und Anerkennung, die mir im Alltag so oft vorenthalten wurden. Mein Mann unterstütze mich, wo immer es ihm möglich war.

„Wie du das alles schaffst, ich kann dich nur bewundern!", hörte ich oft von anderen Frauen. Ja, nach außen hin schaffte ich es. Ich war selbstbewusst. Und weil ich mit sechs Geschwistern groß geworden war, war ich einiges gewöhnt. Trotzdem sehnte ich mich nach Unterstützung, und die Rolle der „perfekten Frau" erschien mir immer zweifelhafter.

Inzwischen musste immer jemand in der Nähe meiner Schwiegermutter sein. Mal verzichteten wir auf gemeinsame Unternehmungen, mal baten wir „Fremde" aus der Nachbarschaft oder der Gemeinde, nach Oma zu schauen. Dabei fand ich es zunehmend anstrengend, immer andere Leute bitten zu müssen, denen ich jederzeit zugestand, auch wieder abzusagen, weil etwas dazwischen gekommen war oder sie sich mit der Situation überfordert fühlten. Alle anderen durften Gründe haben, sich nicht um Oma kümmern zu müssen. Nur ich nicht. Mein Mann hatte seine dienstlichen Aufgaben zu erledigen, was natürlich vorrangig war. Die Kinder mussten in die Schule und sollten ihre Kindheit und Jugend genießen. Mein Dienst war eben die Oma und die Kinder und das Haus und der Garten und die vielen anderen Menschen, für die ich mich verantwortlich fühlte. Und eigentlich hatte ich ja gar keinen Grund, mich zu beschweren. Oma war doch immer dankbar.

Isolation

Trotzdem geriet ich im Lauf der Jahre in die Isolation. Ich vermied es möglichst, anderen Menschen zu begegnen. Was sollte ich schon sagen, wenn sie fragten: „Wie geht es Oma?" Wer wusste schon, wie es sich anfühlt, immer im Dienst zu sein? Keine Zeit der Entspannung mehr zu finden, weil ein alter Mensch das Gefühl für die Tageszeiten verloren hat und die Nacht zum Tage macht? Ich wechselte lieber die Straßenseite, wenn ich Bekannte traf, um nur nicht reden zu müssen. Ich wollte nicht „die Arme" sein, „die aber auch wirklich viel zu tragen hat". Außerdem war es für mich leichter, im Hamsterrad weiterzulaufen als auszusteigen. Zum Ausstieg fehlte mir die Kraft.

An offiziellen Anlässen nahm ich nur noch teil, wenn es unbedingt nötig war. Wer war ich denn unter all den Honoratioren? Eine erschöpfte Hausfrau und Altenpflegerin, die nicht mitreden konnte. Wer wollte schon etwas über Altersstarrsinn und pubertierende Mädchen hören?

Einmal saß ich während einer Veranstaltung den ganzen Tag in einem Sandkasten hinter dem Gebäude und schob den Sand mit meinen Füßen und Händen hin und her. Ich wollte nicht gesehen werden und mich nicht unterhalten. Stundenlang kämpfte ich mit den Tränen. Ich wollte noch immer stark sein, es schaffen. War ich es nicht immer gewesen, die kein Verständnis aufbrachte, wenn alte Leute „ins Heim abgeschoben wurden"? Nein, diesen Gedanken ließ ich nicht zu. Und das konnten wir uns doch finanziell auch gar nicht leisten.

Es war wieder einer jener Tage, an dem Oma bereits am frühen Morgen ständig nach mir rief. Sie müsse zur Toilette, sie brauche ein Stück Schokolade, oder sie rief: „Komm schnell, komm schnell, der Herr holt mich!" Kaum hatte ich sie zur Toilette gebracht, war die Hose schon wieder voll. Noch während des Waschens lief ihr der Stuhlgang zwischen den Beinen herunter, und wieder begann die ganze Prozedur von vorn. Wir hatten bereits eine weitere Mülltonne beantragt, weil wir bis zu 150 Windeleinlagen und Windeln in der Woche verbrauchten.

Meine Schwiegermutter wollte, dass ich den Arzt rufe, sie bekomme keine Luft mehr. Wie oft hatten wir schon den Arzt gerufen! „Ihr Herz ist schwach, und sie kann eben den Darm nicht mehr regulieren. Lagern Sie sie hoch, dann wird es leichter", sagte er jedes Mal und verschwand.

Diesmal bat ich meinen Mann, den Arzt zu rufen, ich würde die Kinder in der Schule abholen. Ich wollte raus. Dem Arzt nur nicht begegnen müssen, dem Blick ausweichen, der mir deutlich sagte: „Wegen so etwas brauchen Sie mich nicht zu rufen."

Aber genau, als ich mit den Kindern nach Hause kam, stand der Arzt im Flur vor mir. „Ach, Sie Arme, wie sehen Sie denn aus?"

„Sagen Sie, wäre es nicht möglich, dass meine Frau einmal eine Kur beantragt?", wandte sich mein Mann an den Arzt. In letzter Zeit hatten wir schon öfter über diese Möglichkeit nachgedacht.

„Wie lange waren Sie denn berufstätig?" – „Hmm, ich fürchte, da ist nichts zu machen."

Ich hatte das Gefühl, dieser Mann reißt mir den Boden unter den Füßen weg. Es ist nichts wert, was du tust. *Du* bist nichts wert! Dein Ideal vom Einsatz für die Gesellschaft bringt nichts ein. Du bist selbst schuld, wenn du deine Kinder erziehst, ihnen ein intaktes Elternhaus und alle mögliche Förderung zukommen lässt. Du bist selbst schuld, wenn du deine Schwiegermutter versorgst und dich ehrenamtlich engagierst! Wie hatte ich kurz zuvor noch gelesen? „Hausfrauendasein ist ein parasitäres Verhalten." Soeben war es mir bestätigt worden. Du lebst von den anderen, auf Kosten der anderen. Wie sollte ich seine Aussage sonst deuten? Meine Arbeitskraft zu erhalten, war nicht wichtig.

Wütend

Mir rauschte es in den Ohren. In diesem Moment merkte ich, dass mein Wille mir nicht mehr gehorchte. Erst konnte ich nicht mehr, jetzt wollte ich nicht mehr.

In der Folgezeit holte uns meine Schwiegermutter nun auch nachts häufig aus dem Bett. Ich versuchte, ihr Rufen zu ignorieren. Sie konnte ja den ganzen Tag Schlaf nachholen, aber ich musste am Morgen aufstehen, die Kinder zur Schule schicken … Doch sie klopfte mit dem Stock so lange auf den Fußboden, bis ich aufstand. „Kannst du nicht mal gehen?", fragte ich meinen Mann. „Ich bin jetzt nur noch wütend. Ich will einfach nicht mehr." Und er ging. Aber ich konnte trotzdem keine Ruhe mehr finden.

„Ich hasse Oma, wenn sie nachts klopft und ruft!" Der Satz unserer Tochter traf mich. War es schon so weit, dass sie es als ihre Aufgabe ansah, mich zu schützen? Sollte ich nicht eigentlich für meine Tochter da sein, jetzt, wo der erste Liebeskummer ihr das Herz zerriss, es in der Schule nicht rund lief, das Abitur in Gefahr geriet? Stattdessen machte sie sich Sorgen um mich, wollte mich vor der alten, kranken Frau schützen.

In dieser Zeit las ich in der Bibel immer wieder die Geschichte von der verkrümmten Frau. Sie steht in Lukas 13, Vers 10-13. Drei kurze Verse, die meine Situation beschrieben:

Am Sabbat lehrte Jesus in einer Synagoge. Eine Frau hörte ihm zu, die ein böser Geist krank gemacht hatte: Seit achtzehn Jahren saß sie gebeugt da und konnte sich nicht mehr aufrichten. Als Jesus sie sah, rief er sie zu sich: „Frau, du sollst von deinem Leiden erlöst sein!" Er legte seine Hände auf sie. Da richtete sie sich auf und dankte Gott von ganzem Herzen.

Der Rücken dieser Frau war gebeugt. Was hatte sie sich wohl im Laufe ihres Lebens alles aufgeladen, wofür hatte sie sich verantwortlich erklärt, worüber war sie krumm geworden? Mir fiel auf, dass die Frauen der Bibel oft an Rückenproblemen leiden. Wenn Krankheiten von Männern beschrieben werden, handelt es sich oft um Blindheit oder Taubheit. Vielleicht ein Bild? Und erging es mir nicht ähnlich wie dieser Frau? War mein Rücken nicht auch gebeugt unter der Last der Aufgaben? Sah ich nicht wie sie nur noch das, was andere im wahrsten Sinne des Wortes mit Füßen treten? Hatte man sich nicht an ihren und auch an meinen Zustand gewöhnt?

Und Jesus sah sie! Dieser Vers war wie Balsam für mich. Einer sieht mich, einer nimmt mich wahr. Einer gibt mir Wertschätzung und Anerkennung. Er sieht meine Müdigkeit, meine Erschöpfung. Er sieht meine Wertlosigkeit, meine Enttäuschung. Er sieht meine Verkrümmung. Nach nichts sehnte ich mich mehr, als dass mich einer ansah und aufrichtete.

Eines Tages haderte ich während der Hausarbeit mal wieder mit Gott. Wochenlang hatte ich ihn gebeten, mir doch jemanden zu schicken, der mich einmal bei der Hausarbeit entlasten würde. Vielleicht einmal die vielen Fenster putzte, die seit Monaten nicht geputzt worden waren und die in meinen Augen von Tag zu Tag sichtbar schmutziger wurden, sodass wir bald nicht mehr hindurchsehen würden … (Auch das war eine Auswirkung der Erschöpfung: Belanglosigkeiten wurden übermäßig groß.) Ich sagte Gott, dass ich nicht verstehen könne, weshalb er mir und uns das alles zumutete. Warum sah denn niemand meine Not? In diesem Moment war es mir, als wenn sich eine Hand auf meine Schulter legte und jemand zu mir sagte: „Mein liebes Kind, überlass mir doch die Dinge, für die ich mich verantwortlich erklärt habe, und tu du, was in deinen Aufgabenbereich fällt. Vertraue mir, dass ich zur rechten Zeit handle." Ich spürte eine Hand und ich hörte eine Stimme.

Aussetzer

In diesem Augenblick wurde mir bewusst: „Du bist ein Gott, der mich sieht." Es war so etwas wie eine vorsichtige Wende, ein zarter Aufbruch. Dass es noch tiefer gehen würde, ahnte ich zu diesem Zeitpunkt nicht.

Immer öfter bemerkte ich, dass es bei mir zu Aussetzern kam. Termine zu vergessen war noch eines der geringsten Probleme. Mir fehlten die Worte. Ich stand vor Gegenständen, und mir fiel der Begriff dafür nicht ein. Ich fuhr mit dem Auto und nahm den Verkehr nicht wahr. Ich hatte den Eindruck, neben mir zu stehen und mich wie in einem Film zu beobachten, ohne handeln zu können.

Es kam die Zeit, wo ich schon am Morgen so erschöpft war, dass ich im Sessel in einer Ecke saß und mich nicht in der Lage sah, meiner Arbeit nachzukommen. Warum erhörte Gott nicht

die Gebete meiner Schwiegermutter, sie doch endlich heimzu-
holen? Ich selbst hatte aufgehört, ihm deshalb in den Ohren zu
liegen. Ich hatte nicht das Recht, ihn darum zu bitten. Bibellesen
konnte ich schon lange nicht mehr. Aber täglich las ich ein Gebet
von Sabine Nägeli; es war überschrieben mit „Dankbarkeit". Im
letzten Absatz konnte ich mich wiederfinden:

Ich muss das Dunkel nicht hell sprechen,
um mich zu freuen,
es ist da, aber es bannt mir nicht mehr den Blick.
Ich danke dir für das Schöne in meinem Leben
und erfahre, dass Dankbarkeit befreit.
Sanft werde ich losgelöst von dem,
was mich reich gemacht hat und erfüllt.
Ich weiß nicht, ob ich es je wieder so erleben darf,
aber mein dankbares Herz will nichts an sich reißen,
sich nicht in Erwartungen verirren,
sondern wach sein für neuen,
vielleicht ganz anderen Reichtum.

Noch vermag ich dir nicht zu danken
für das Leidvolle in meinem Leben,
denn ich bin noch sehr arm an Vertrauen,
aber manchmal ahne ich, dass der Tag kommen wird,
da ich dir für alles danken werde, was mir widerfuhr.[14]

Eines Morgen saß ich wieder im Sessel, traurig, mutlos. Bald würde es wieder Weihnachten werden. Fast zehn Jahre lebte die Großmutter nun schon bei uns. Unsere Älteste würde bald heiraten.
Und ich? Schon mit Anfang dreißig hatte ich neben vier Kindern
zwei alte Leute zu versorgen gehabt. Ich fühlte mich so unendlich
alt, müde und ausgelaugt. Ich hatte das Gefühl, um Jahre betrogen
worden zu sein.

---

14   Sabine Nägeli, in: Ich spanne die Flügel des Vertrauens aus, Verlag am
Eschbach 1994.

Und wieder war es das klare Reden Gottes, das mich in meinem Sessel erreichte: „Mein liebes Kind, ich nehme dir nicht alle Entscheidungen im Leben ab. Es ist die Zeit gekommen, eine Entscheidung zu treffen, die du bislang nicht treffen wolltest."

Entscheidung

In diesem Moment wusste ich, dass ich Gott die Entscheidung zugeschoben hatte. Er hätte unsere Oma heimholen können, aber nun sollte ich die Entscheidung treffen, die ich bislang nicht hatte treffen wollen, die aber auch andere nicht für mich getroffen hatten. Ich stand endlich auf, ging zu meinem Mann ins Arbeitszimmer und sagte: „Entweder deine Mutter geht, oder ich gehe. So kann es nicht weitergehen!"

Die Entschlossenheit in meiner Stimme löste etwas in ihm aus, was mir zum ersten Mal seit langer Zeit das Gefühl gab, wahrgenommen zu werden. In all den Jahren hatte mein Mann mich unterstützt, wo er konnte, mir abgenommen, was in seiner begrenzten Zeit möglich war, aber die Tragweite meiner Erschöpfung hatte er bis zu diesem Augenblick nicht wahrgenommen. Noch heute sagt er, dass ich so stark gewesen sei. Er hätte immer den Eindruck gehabt, dass ich es schaffen würde. Es war wie mit einem großen Panoramabild. Mit einigem Abstand kann man die Dinge manchmal besser erkennen, als wenn man direkt davor steht. So erging es auch dem Menschen, der mir am meisten vertraut war: Ausgerechnet mein Mann hatte das Ausmaß meiner Erschöpfung nicht erkannt!

Ich ging zurück, setzte mich in meinen Sessel und konnte zum ersten Mal seit langer Zeit weinen. Alle Anspannung entlud sich. Nun war ich nicht mehr alleine für mich verantwortlich. Währenddessen griff mein Mann ohne zu zögern zum Telefonhörer und rief in einem Pflegeheim an. Es war in einem Ort, an dem wir vor Jahren gewohnt hatten. Mein Mann hatte dort oft Andachten gehalten und war mit den Diakonissen, die es führten, sehr verbunden. Er schilderte der leitenden Schwester unsere Situation, die Zusage kam prompt.

Warum mein Mann dem Impuls folgte und in jenem Altenheim anrief, obwohl es doch 300 Kilometer entfernt lag, konnte er nicht sagen. Es war so, und wir waren uns sicher, dass es richtig war. Wäre meine Schwiegermutter in der Nähe geblieben, hätte ich mich wahrscheinlich verpflichtet gefühlt, sie jeden Tag, zumindest aber jeden zweiten Tag zu besuchen.

Es war nicht leicht ihr zu sagen, dass ich eine Auszeit bräuchte und sie erst einmal ins Pflegheim gehen müsse. Wir hatten es so mit der Schwester vereinbart. Sollte es mir wieder besser gehen, dann könne Oma jederzeit wieder nach Hause kommen.

Weihnachten verbrachte sie noch bei uns, und kurz danach brachten wir sie ins Heim. Der Tag ihrer Abreise war schrecklich: Ich fühlte mich scheußlich, und meine Schwiegermutter machte es uns schwer.

Von da an fuhr ich anfangs jede Woche die 600 Kilometer an einem Tag hin und zurück, um sie zu besuchen. Manchmal begleitete mich mein Mann. Ich telefonierte täglich mit den Schwestern und sorgte dafür, dass ehemalige Gemeindeglieder Oma besuchten. Und: Es ging ihr gut und sie blühte noch einmal richtig auf. Nach zwei Wochen bat sie uns, doch für immer im Heim bleiben zu dürfen.

Mitte April starb sie. Wir waren gerade auf dem Weg in die Osterferien, als der Anruf kam. Sie war bereits zweimal reanimiert worden. Wir kehrten um und trafen sie noch einmal bei Bewusstsein an. Danach aß und trank sie nicht mehr und starb zehn Tage später.

Oft wurde ich gefragt, ob ich es die paar Monate nicht auch noch geschafft hätte. Nein, ich hätte es nicht mehr geschafft, weil ich nicht wusste, wann der Zeitpunkt kommen würde, an dem Gott sie heimholte.

Bis zu diesem Zeitpunkt hatte ich meine Erschöpfung nie als „Burn-out" bezeichnet. Ich war ja nur Hausfrau. Burn-out, das hatten die anderen, die Manager, die in verantwortungsvollen Aufgaben, aber sicher keine Hausfrau, wie ich es war. Doch als ich meiner Hausärztin nach dem Tod der Großmutter meine Geschichte erzählte, sprach sie zum ersten Mal dieses Wort aus: „Du bist ausgebrannt. Du hast ein Burn-out. Zu lange schon hast du über deine Kräfte gelebt und die Signale deines Körpers ignoriert." Zweimal stellte sie einen Kurantrag, zweimal wurde der Antrag abgelehnt. Ich solle zunächst ambulante Hilfen in Anspruch nehmen, ich sei ja nicht berufstätig. Ich war nicht in der Lage zu kämpfen. Noch immer hatte ich das Gefühl, ich sei es nicht wert, eine Kur zu bekommen.

Neue Wege

In dieser Zeit las ich ein Buch von Kerstin Hesslefors Persson: „Am Ende der Kraft beginnt ein neuer Weg. Eine Frau erlebt den Burn-out". Was sie beschrieb, deckte sich an vielen Stellen mit meiner Erfahrung. „Es gibt so vieles, was uns unter den Nägeln brennt, aber alles schaffen wir nicht. Wenn sich unser Leben dreht wie ein Karussell, wenn die Kräfte versiegen, kann der Wille nichts mehr ausrichten. Am Ende der Kraft beginnt ein neuer Weg."

Wie sah dieser neue Weg aus?

Zunächst fing ich an, über die Zeit der Pflege zu reden. Jedem, der es hören wollte, und auch denen, die mich nicht danach fragten, erzählte ich es. Ich ging in die Offensive und machte meine Erschöpfung „öffentlich". Ich lehnte mich dabei weit aus dem Fenster und stieß sowohl auf Dankbarkeit als auch auf Unverständnis, weil das alles zu privat sei. „Darüber spricht man nicht!"

Im eigenen Nachdenken und im Gespräch mit meinem Mann fing ich an, alte Denkmuster aufzuarbeiten. Noch heute sehe ich ein Kalenderbild vor meinem inneren Auge: drei brennende Kerzen und darunter der Spruch: „Wer leuchten will, muss sich verzehren." Ja, ich hatte eine Leuchte sein wollen und war verbrannt – wegen der Erwartungen, die ich an mich selbst hatte, und wegen der Erwartungen, die oft unausgesprochen an mich herangetragen wurden.

Als mittleres von sieben Kindern hatte ich oft das Gefühl, nicht wahrgenommen zu werden. Auf der einen Seite wollte ich meinen Eltern keinen Kummer machen und verhielt mich brav; das kam immer gut an. Auf der anderen Seite sehnte ich mich nach Anerkennung, und die bekam ich, indem ich fleißig war und mithalf, wo immer jemand gebraucht wurde. Das wurde honoriert. „Bescheidenheit ist eine Zier" war der Wahlspruch meines Vaters. Ansprüche hatte man nicht zu haben. Natürlich war mein Vater auch nur ein Kind seiner Zeit und hat im Alter vieles dazugelernt. Aber seine Strenge und Härte hat Spuren in meinem Leben und in dem meiner Geschwister hinterlassen. Noch heute wundern wir uns über die Wirkkraft solcher Sätze. Sätze, die es nicht zulassen, dass man Schwäche zeigt und seine Grenzen akzeptiert.

Heute muss ich niemandem mehr etwas beweisen oder mich gar lieb machen. Ich übe mich darin, mit gutem Gewissen Nein zu sagen, auch wenn ich weiß, dass ein anderer sich dadurch vielleicht zurückgesetzt fühlt.

Es half mir und hilft mir bis heute, mich an der frischen Luft zu bewegen. „Ich gehe mein Hirn lüften", sage ich oft scherzhaft. Beim Gehen kann ich vieles, was mir im Kopf schwirrt, sortieren. Manches, was mich belastet, bekommt dabei die richtige Gewichtung.

Obwohl unsere vier Töchter erwachsen sind und nicht mehr bei uns wohnen, haben mein Mann und ich gemeinsam entschieden, dass ich nicht berufstätig werde, sondern mich weiter ehrenamtlich engagiere. Das ist nicht immer leicht durchzuhalten, weil die Erwartungen an eine Frau heute doch ganz anders sind als zur Zeit meiner Mutter. Dass ein Leben im Einsatz für andere, auch unentgeltlich, Sinn stiftet, scheint unsere Gesellschaft aus dem Blick verloren zu haben

Früher dachte ich, wenn es den Kindern und dem Mann gut geht, dann geht es auch mir gut. Aber selten blieb noch etwas vom Kuchen übrig, und ich ging leer aus. Inzwischen habe ich gelernt, dass ich für mich selbst sorgen muss, weil das nicht wirklich ein anderer für mich tun kann. Obwohl es mir noch immer schwer fällt, habe ich angefangen, meine Bedürfnisse klarer zu formulieren.

Geblieben sind ein Tinnitus und hoher Blutdruck. Beides erinnert mich von Zeit zu Zeit daran, meine Bedürfnisse wahrzunehmen und manchmal etwas Tempo aus meinem Engagement zu nehmen. Nach wie vor kämpfe ich auch mit Schlafstörungen. Wenn der Druck zu groß wird, reagiert mein Körper mit Schlafentzug.

Noch immer gibt es Zeiten, in denen die Aufgaben zu viel werden und ich das Gefühl habe, mich in Stücke teilen zu müssen, um dem, was gerade ansteht, gerecht zu werden. Dann spüre ich: Jetzt fällst du in alte Muster zurück. Gib auf dich Acht.

Nun kann ich auch den Beginn des Gebetes von Sabine Nägeli mitsprechen:

Wie viel Dankbarkeit spüre ich in mir!
Wie ein unerwarteter Gast
hat sie Besitz von mir genommen.
Mein Gott, ich preise dich
für die Gabe des dankbaren Herzens.
Oft bin ich so verschlossen
für die Freude an kleinen Dingen,
so blind für die behutsamen Zeichen deiner Zuneigung.

„WOLLEN SIE WIRKLICH SO VIEL LEISTEN?"

Die Autorin möchte anonym bleiben. Die 1970 geborene Germanistin lebt in Wien.

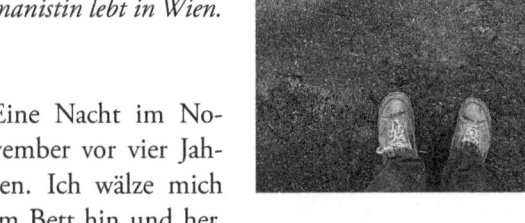

Eine Nacht im November vor vier Jahren. Ich wälze mich im Bett hin und her. Wieder kann ich nicht schlafen. Die Gedanken kreisen in meinem Kopf. Ich kann einfach nicht abschalten. Panik steigt in mir auf, wenn ich an den nächsten Tag denke. Ich habe einen ganztägigen Workshop zu leiten. Wie soll ich das nur schaffen? Wie kann ich mich vor Menschen stellen und reden, wenn ich niemandem zeigen darf, wie ich mich fühle? Ich will mich verkriechen. Nur keine Anforderungen mehr. Woher soll ich überhaupt die Kraft nehmen aufzustehen? Am Morgen fühle ich mich wie zerschlagen. Wie soll ich den Tag nur überstehen?

Ehrgeiz

Es war nicht das erste Mal, dass ich vor Sorgen nicht schlafen konnte. Was war passiert? Meine Situation hatte sich in den vorangehenden Wochen zugespitzt. Immer stärker spürte ich, dass ich dem Leben nicht mehr gewachsen war. Hinter mir lag eine Zeit mit starken Belastungen. Im Frühjahr war eine Beziehung

zu Ende gegangen. Damit hatten sich auch meine Zukunfts-
pläne zerschlagen. Im Herbst desselben Jahres wollte ich mein
Studium abschließen – ich hatte mich mit Anfang Dreißig noch
einmal an die Uni gewagt –, es lag nur noch die Diplomarbeit
vor mir. Neben dem Studium war ich berufstätig und engagierte
mich ehrenamtlich in der Gemeinde im Bereich Seelsorge. Ich
versuchte alles unter einen Hut zu bekommen, wollte in allem
mein Bestes geben, nagte dabei aber an der gescheiterten Beziehung. Ich stand unter großem Druck: Bis September reichte
mein Geld noch, dann musste ich mit allem fertig sein. Was,
wenn ich es bis dahin nicht schaffte? Gleichzeitig hatte ich den
Ehrgeiz, das Studium mit Auszeichnung abzuschließen. Da half
nur noch: Augen zu und durch! Schon im Sommer spürte ich,
wie mir die Kraft ausging. Ich sehnte mich nach Urlaub, nach
Entspannung, nach Unbeschwertheit. Aber ein Urlaub war finanziell nicht drin, außerdem wollte ich ja das Studium rechtzeitig beenden. Also weitermachen und immer weitermachen.
Völlig erschöpft schloss ich ein paar Monate später das Studium ab, mit ausgezeichnetem Erfolg. Aber auch jetzt war keine
Entspannung in Sicht, da ich kein Geld mehr hatte. Ich bekam
ein gutes Jobangebot, das ich annahm. Ich hätte unbedingt
eine Auszeit gebraucht, aber ich dachte: Ich muss das irgendwie
schaffen. Und so ein tolles Angebot – wann bekomme ich das
wieder?

Grenzenlos

Im Nachhinein wurde mir bewusst, dass ich nicht erst seit diesem
Jahr in der Krise war. Ich hatte mich eigentlich ständig überfordert und zu viel getan. Mein Leben war auch vor dem Burn-out
nicht wirklich ausgeglichen. Ich ging immer wieder über meine
Grenzen, spürte es aber erst, wenn ich völlig erschöpft war. Wenn
es um Leistung ging, war ich grenzenlos. Ich hatte immer wieder Zeiten, in denen ich sehr viel leisten konnte, um dann wieder
erschöpft Ruhe zu suchen. Auch Depressionen waren mir nicht
fremd. Doch hatte ich immer wieder genug Kraft, die Tiefen zu
überwinden, und dann ging es schon wieder weiter. Mein Pflicht-

bewusstsein war stark ausgeprägt, und mit Disziplin und Willenskraft konnte ich viel erreichen.

Im Herbst ging dann nichts mehr. Aber ich war im Rad drinnen und schaffte es nicht mehr, herauszukommen und mein Tempo herunterzuschrauben. Ich fand einfach keine innere Ruhe. Ich spürte zwar, dass ich mich nicht wohlfühlte, dass ich lustlos war und schnell in Tränen ausbrach, aber ich wusste nicht, was mit mir los war. Es war mir alles zu viel, ich war überfordert und fragte mich immer wieder: „Warum kann ich nicht mehr?" Und dann dachte ich, dass ich *auf gar keinen Fall* langsamer machen könnte. Wer macht dann meine Arbeit? Wer sorgt für mich, wenn nicht ich? Wie soll ich als Selbstständige mein Geld verdienen, wenn ich nicht arbeite? Wer übernimmt meine ehrenamtliche Tätigkeit? Ich kann nicht einfach aufhören. Ich muss durchhalten!

Im November schrieb ich in mein Tagebuch:

„Ich bin müde, frustriert, unzufrieden. Ich hätte so gerne Urlaub. Ich sehne mich nach Gott. Und dennoch nehme ich mir keine Zeit für ihn. Ich bin von so vielem genervt. Bin nicht wirklich glücklich. Ich bin so müde, mich immer wieder zu überwinden. In die Gemeinde zu gehen, kostet Überwindung. Zu arbeiten kostet Überwindung. Das Seminar in der Gemeinde zu organisieren, kostet Überwindung. Ich mag einfach nur noch schlafen, fernsehen, stillsitzen, genießen. Ich bin innerlich leer. Ich habe so wenig Spaß am Leben. Alles kostet Überwindung. Ich kann nicht mehr.

Schlechtes Gewissen

Ich wusste, etwas stimmte nicht mit mir, ich war ständig müde, konnte es aber nicht einordnen, sondern fühlte mich schuldig, weil ich so wenig leistete. Mir war nicht bewusst, dass ich mich schon mitten in einer Erschöpfungsdepression befand. Ich versuchte, immer weiterzumachen, mich weiter anzutreiben. Dabei hatte ich innerlich eine starke Sehnsucht, nicht mehr getrieben zu sein, sondern getragen zu werden.

Wo war Gott in dem Ganzen?

Ich war Single, lebte alleine, meine Familie lebte 800 Kilometer entfernt. Konnte ich mich überhaupt tragen lassen, loslassen, fallen lassen? Ich hatte in der Vergangenheit gelernt, Vieles alleine zu tragen, selbständig zu sein, mein Leben allein zu gestalten, zu kämpfen und stark zu sein. Niemand merkte, wie schlecht es mir dabei ging. Eine Freundin ging selbst durch eine schwere Krise, bis hierhin hatte ich sie oft mitgetragen. Jetzt konnte ich nicht mehr. Mir wurde bewusst, dass ich gerne für andere da war – aber konnte ich auch meine eigenen Bedürfnisse äußern? Konnte ich mich anderen zumuten? Oder war ich eine Zumutung für andere? Welche Bedürfnisse hatte ich überhaupt? Sie waren mir auf meinem Weg irgendwie abhandengekommen. Ja, ich spürte noch die Sehnsucht, nur sein zu dürfen. Aber durfte ich sein? Was machte mir Spaß, wo bekam ich neue Kraft und Freude? Ich wusste es nicht mehr. Ich stand völlig neben mir, hatte mich selbst auf meinem Weg verloren.

Wer war ich überhaupt? War ich wertvoll, auch wenn ich nichts leistete? Worüber erhielt ich meinen Wert? All diese Fragen beschäftigten mich.

Im Dezember ging ich endlich zur Ärztin. Sie verschrieb mir ein leichtes Antidepressivum. Ich hatte drei Wochen frei, konnte mich in dieser Zeit aber nicht richtig erholen. Es tat zwar gut, Pause zu haben, aber ich fühlte mich nicht viel besser. Besonders wenn ich unter Leuten war, spürte ich, wie schlecht es mir ging. Ich war auf einer Geburtstagsfeier und merkte: Das überfordert mich total. Die Gespräche strengten mich an. Im Vergleich zu den anderen kam ich mir total langweilig vor. Viele Gäste waren um einiges jünger als ich. Ich sah, wie sie lebten, vor Begeisterung sprühten, dass sie Ziele für ihr Leben hatten. Ich dachte mir: Es gab mal eine Zeit, da hast du auch so gesprüht vor Lebensfreude. Wo ist das alles hin? Jetzt fühlte ich mich alt, müde, wollte mich nur vergraben, Winterschlaf halten.

Nach meinem Urlaub merkte ich, dass ich alleine nicht weiterkam und Hilfe brauchte. Interessanterweise rief gerade an diesem Tag eine Freundin an und fragte mich, ob ich schon einmal daran gedacht hätte, in Therapie zu gehen. Sie empfahl mir einen christlichen Therapeuten. Neue Hoffnung keimte auf. Ich fand einen sehr guten Therapeuten. Gott sorgte für mich, das konnte ich klar erkennen.

Hoffnung

Die Therapie war mir eine große Hilfe auf meinem Weg aus dem Burn-out. Der Therapeut machte mir immer wieder Mut und war sehr geduldig mit mir. Ich erinnere mich noch, wie ich einmal Zweifel äußerte, ob ich noch einmal arbeiten und überhaupt noch einmal etwas leisten könnte. Er meinte daraufhin, dass ein Burn-out wie eine Krankheit sei – irgendwann sei ich wieder gesund. Dieser Satz machte mir Hoffnung. Immer wenn Zweifel kamen, ob ich noch einmal gesund werden würde, dachte ich an diesen Satz. Er fragte mich aber auch, ob ich denn überhaupt wieder so viel leisten wolle wie vor meinem Burn-out. Eine interessante Frage, die mich lange beschäftigte und auf die ich heute mit einem klaren Nein antworten kann.

In all dieser Zeit war Gott sehr, sehr treu. Ich habe ihn noch einmal ganz neu und anders kennengelernt. Sechs Jahre zuvor hatte ich zum Glauben gefunden. Gott hatte in dieser Zeit in meinem Leben schon sehr viel geheilt und wiederhergestellt, da ich ein sehr verletzter Mensch war. Was ich aber noch stark in mir hatte, war mein Leistungsstreben und ein Stück Minderwertigkeitsgefühl. Ich hatte in den letzten Jahren seit meiner Bekehrung Gott immer besser kennengelernt und begonnen, ihm zu vertrauen. Aber konnte ich ihm wirklich ganz vertrauen? Ihm mein ganzes Leben anvertrauen? Konnte ich die Kontrolle loslassen? Wie viel musste ich denn eigentlich selbst tun, und was tat Gott?

Ich war in dieser Zeit immer wieder sehr entmutigt. Zu erleben, dass ich keine Kraft mehr hatte, mein Leben zu gestalten und Pläne für die Zukunft zu schmieden, nahm mich sehr mit. Ich konnte mich auf mich selbst und auf meine Fähigkeiten nicht mehr verlassen. Ich war sehr verunsichert und spürte, dass ich mein Leben nicht mehr unter Kontrolle hatte, sondern ganz auf die Gnade Gottes angewiesen war. Ich zweifelte oft, dass das Leben noch etwas zu bieten hätte, dass ich jemals einen guten Beruf haben würde, dass ich jemals eine gesunde Partnerschaft leben könnte, dass ich mich wieder selbst versorgen könnte. Es ging um ganz existenzielle Fragen. Unverarbeitete Enttäuschungen brachen auf. Alles, was ich durch Arbeit bisher erfolgreich verdrängt hatte, brach sich Bahn. Ich spürte: Aus mir selbst heraus konnte ich wirklich nichts mehr tun.

Aber Gott war an meiner Seite. Anfangs lag ich nur auf der Couch und war froh, nichts mehr tun zu müssen. Stille war mir am liebsten. Nur kein Lärm, keine Belastung. Dann fing ich wieder an, Tagebuch zu schreiben. Ich entdeckte von Neuem den Spaß am Schreiben, etwas, das viele Jahre brachgelegen hatte. Ich nahm mir viel Zeit für Stille. Ich ließ mich füllen mit Gottes Gegenwart. Wie oft hatte ich mir zuvor sogar in der Stillen Zeit Druck gemacht, vieles war auch da Leistung gewesen, manchmal auch Krampf. Mir wurde auf einmal bewusst, dass Gott mehr möchte als meine Leistung. Vom Kopf her wusste ich das schon lange, aber nun durfte ich erfahren, dass ich nichts mehr zu geben hatte als mich selbst. Und das war beziehungsweise das ist genug. Er möchte mich. Er ist an meiner Person interessiert. Auch wenn ich gar nichts mehr vorzuweisen habe, darf ich zu ihm kommen, so wie ich bin. Es geht doch gar nicht darum, wie toll ich vor Gott bin. Zu allererst bin ich seine wertgeschätzte, geliebte Tochter! Ich darf seine Liebe annehmen und mich von ihm füllen lassen. Loslassen, ich selbst sein in seiner Gegenwart.

Meine Beziehung zu Gott begann sich zu verändern.

Mit Psalmen beten

Manchmal wusste ich nicht, welche Gebete ich sprechen sollte, ich war innerlich leer. In dieser Zeit fing ich an, Psalmen zu lesen. Erst einmal, und dann ein zweites Mal: alle Psalmen dankend beten. Ich spürte, wie es mir Kraft und neue Hoffnung gab. Ich fing an, Gott zu preisen und dafür zu danken, was er bereits in meinem Leben getan hatte. Ich schrieb eine Liste mit all den Dingen, für die ich dankbar war. Damit schaffte ich es, meine Gedanken auf etwas anderes zu lenken als auf meine Depression. In Gedichten gab ich meiner Sehnsucht neuen Raum. Ich sprach mit Gott über meine Bedürfnisse. Etwas begann sich zu verändern, langsam brach etwas Neues auf. Ich spürte, dass ich noch nicht stabil war, ich hatte schon einige gute Tage, aber dann wieder schlechte Tage, an denen ich erschöpft und schlecht drauf war. Doch mit der Zeit lernte ich damit umzugehen. Ich lernte, dass es okay ist, schlechte Tage zu haben, und dass sie nicht ewig dauern.

Gott schenkte mir Heilung und Wiederherstellung. Das „Highlight" war für mich die Versöhnung mit meiner Mutter und die Wiederherstellung der Beziehung zu ihr. Jahrelang hatte ich mit meiner Muttergeschichte gekämpft, hatte meiner Mutter auch schon einige Male vergeben. Aber verletzt war ich noch immer. Ich hatte mich von klein auf von meiner Mutter abgelehnt gefühlt: Nie konnte ich es ihr recht machen, nie war es genug, nie war ich genug. So hatte ich es zumindest für mich erlebt. Unsere Beziehung war lange sehr verkrampft. Gott machte uns beiden damals ein Riesengeschenk. Am Muttertag zeigte er mir im Gottesdienst ein Bild, das mir deutlich machte, dass ich meiner Mutter noch einmal vergeben müsse. Ich wusste tief in mir, dass dies ein Schlüssel zu meiner eigenen Heilung sein würde. Meine Mutter war selbst sehr krank in dieser Zeit; ich fuhr kurzentschlossen nach Deutschland, um sie im Krankenhaus zu besuchen. Es war das erste Mal in 39 Jahren, dass ich eine wirkliche Nähe zu meiner Mutter empfand. Ich bat sie um Vergebung für mein Verhalten, und es war das erste Mal, dass sie zugab, auch Fehler gemacht zu haben. Sie war so offen wie noch nie. Viel Heilendes ist seitdem geschehen. Ganz langsam entwickelte sich eine neue Mutter-Tochter-Beziehung. Ich konnte meine Mutter besser annehmen – und dadurch auch mich selbst. In den nachfolgenden Monaten spürte ich, wie die Bitterkeit aus meinem Leben wich und wie Heilung in mein Leben kam. Ich spürte, dass mein Leben ein neues Fundament bekam. Lebensfreude machte sich breit, Hoffnung, dass ich geliebt, gewollt und angenommen bin. Ich erlebte Gott in dieser Entwicklung sehr stark. Er war an meiner Seite, er meinte es gut mit mir, er konnte Beziehungen heilen, etwas was menschlich unmöglich schien. Da war so viel Kaputtes, so viel Leid. Was in diesen Monaten geschah, hat mich tief beeindruckt und mir eine neue Sicht dafür gegeben, wie groß

Gott ist und dass er viel mehr tun kann, als wir uns überhaupt vorstellen können. Seine Gedanken sind höher als unsere Gedanken.

Das neue Leben trainieren

In der Zeit des Burn-outs habe ich sehr viel gelernt. Ich habe einiges an meinem Leben umgestellt. Manches hat gedauert, es war ein Training mit Höhen und Tiefen. Aber ich bin sehr dankbar, dass Gott mir die Kraft und Ausdauer geschenkt hat, Neues einzuüben und Altes, Unbrauchbares aus meinem Leben hinauszubefördern.

Ich habe gelernt, Grenzen zu setzen, mir selbst und anderen. Ja, ich bin begrenzt und das ist völlig in Ordnung. In der Zeit der Erschöpfung hatte ich sehr enge Grenzen. Ich konnte nicht viel unternehmen. Und doch war dies eine große Erleichterung für mich, ich musste langsam machen, und ich durfte Nein sagen zu vielen Anfragen und Herausforderungen. Es gab nur einen engen Raum, in dem ich mich bewegen konnte. Für mich als freiheitsliebender Mensch eigentlich eine schwierige Situation. Aber ich habe entdeckt, wie viel Freiheit es mir gibt, wenn ich mich in meinen Grenzen, in meinem Rahmen bewege. Ein Rahmen, den mir Gott gesteckt hat. Ich bin für das verantwortlich, was innerhalb meiner Grenzen liegt, und ich muss mich nicht um das kümmern, was außerhalb dieser Grenzen liegt. Was für eine Befreiung! Früher habe ich mich für Dinge verantwortlich gefühlt, für die ich keine Verantwortung trug. Ich habe vielleicht auch Gott gespielt. Wie viel entspannter ist das Leben, wenn ich mich immer wieder frage: Habe ich hier einen Auftrag? Oder Gott frage: Was möchtest *du*, dass ich tue? – statt aus Pflichtbewusstsein und schlechtem Gewissen heraus zu handeln.

In der Zeit des Burn-outs und auch besonders danach habe ich gelernt, klarer zu kommunizieren. Für mich als stetige, gewissenhafte Persönlichkeit sind klare Absprachen wichtig. Ich muss klären: Wo stehe ich, wo steht der/die andere? Wo sind meine Grenzen und wo sind die Grenzen des/der anderen? Seit ich das weiß und mich traue, meine Bedürfnisse zu äußern, gewinne ich Freiheit.

Ich lerne, meine Gedanken zu kontrollieren. Sorgen versuche ich an Jesus abzugeben. Sein Wort sagt: „Kommt her zu mir, alle die ihr mühselig und beladen seid, ich will euch erquicken." Das nehme ich in Anspruch. Ich versuche, regelmäßige Zeiten der Ruhe in mein Leben einzubauen, Zeiten, in denen ich mich entspanne, in denen ich mit Jesus über das rede, was mich belastet, was ich erlebt habe, was mich freut. Heute erkenne ich viel früher, wenn ich aufgewühlt bin oder mir Sorgen mache, und ich versuche, dies bewusst an Jesus abzugeben. Früher habe ich das überhaupt nicht gespürt. Ich habe mich tagelang müde und erschöpft gefühlt, auch beschämt, aber ich habe erst reagiert, wenn ich ganz erledigt war. Heute habe ich ein viel besseres Gespür für mich selbst und meine Bedürfnisse.

Ich spüre sehr schnell, wenn ich überfordert bin, ich weiß, dass ich schneller als andere an meine Grenzen gerate, und ich darf gut auf mich aufpassen. Ich *kann* gar nicht mehr über mich und meine Bedürfnisse hinweggehen. Ich *muss* rechtzeitig gegensteuern. Manchmal ist das unbequem für mich und andere. Ja, ich darf mich anderen zumuten.

Balance

Beziehungen sind mir wichtiger geworden. Arbeit und Leistung nehmen nicht mehr einen so großen Stellenwert ein wie zuvor. Ich habe eine bessere Balance gefunden. Gerade als Single ist es eine Herausforderung, gute Beziehungen zu leben und der Arbeit den richtigen Stellenwert zu geben. Ich habe mich früher auch aus Einsamkeit in die Arbeit gestürzt. Heute weiß ich, wie wichtig es ist, gute Beziehungen zu leben, und es tut mir gut – obwohl es mir manchmal nicht leicht fällt. Wenn es mir nicht so gut geht, ziehe ich mich nämlich gern zurück und werde ein wenig eigenbrötlerisch. Eine gute Balance zwischen Rückzug und Gemeinschaft zu finden, ist etwas, das ich üben muss.

Ich achte auch auf eine ausgewogene Ernährung, auf ausreichend Bewegung und genügend Schlaf. Ich weiß, dass es mir gut geht, wenn ich etwa acht Stunden pro Nacht schlafe. Ausgedehnte Spaziergänge helfen mir, meine Gedanken zu ordnen. Bewegung tut mir gut. Die Natur wirkt sich positiv auf meine Seele aus. Ich verliere Energie und bekomme schlechte Laune, wenn ich Hunger habe. Also achte ich darauf, regelmäßig zu essen. Mittlerweile genieße ich es wieder so richtig, selbst zu kochen und gut zu essen.

Konstantin Wecker sagte einmal: „Wer nicht genießen kann, wird ungenießbar." Ich bin so dankbar, dass ich das Leben wieder genießen kann und Schönes um mich herum wahrnehme. Ich genieße das Leben jetzt in vollen Zügen. In der Freizeit widme ich mich den Dingen, die mir Spaß machen, die meine Seele nähren. Früher war ich von Arbeit, Studium und Ehrenamt so erschöpft, dass ich in meiner Freizeit oft nur schlafen oder abhängen wollte. Ich musste in der Zeit des Burn-outs wieder lernen, meine Zeit mit Dingen zu füllen, die meine Seele nähren, die mir Freude machen und neue Kraft bringen. Diese Zeiten sind mir besonders wichtig und wertvoll geworden, und ich plane sie bewusst ein.

Last but not least: Ich habe Gott neu kennengelernt als meinen Vater, meinen Versorger, meinen Tröster, meine Burg, meinen Halt, meinen Schutz, meine Sicherheit. Vieles, was ich im Kopf wusste, ist in mein Herz hineingerutscht. Die Beziehung zu Gott ist tiefer geworden. Ich weiß nun im Herzen, dass Gott mich liebt, dass ich einzigartig bin, wertvoll, wertgeschätzt, unendlich kostbar. Er hat mir besondere Fähigkeiten geschenkt, und die möchte ich einsetzen und leben. Ich muss nicht mehr den Erwartungen anderer entsprechen. Ich darf sein. Das Potenzial, das Gott in mich gelegt hat, darf sich mehr und mehr entfalten. Gott hat mir eine neue innere Freiheit geschenkt!

NICHTS GEHT MEHR
Jürgen Werth

Jürgen Werth, geboren 1951, lebt mit seiner Frau in Wetzlar. Er ist Journalist, Liedermacher und Vorstandsvorsitzender von ERF Medien.

Der Flieger kannte keine Gnade. Pünktlich war er gestartet. Nun flog er stur und stetig Richtung Westen. Wir hatten einen Kloß im Hals und Tränen in den Augen. Was hatten wir getan? Der Flieger war unterwegs in Richtung Dallas/Texas. Acht Wochen würden wir dort sein. Warum und wozu, war uns nicht mehr richtig klar.

Rückblende: In den Monaten zuvor war ich langsam, aber unaufhaltsam in ein Burn-out geschlittert, hatte über meine Kräfte gelebt und gearbeitet und war irgendwann in ein tiefes schwarzes Loch gefallen. Ausgebrannt – das war auf einmal mehr als nur eine interessant klingende Zustandsbeschreibung. Es war meine Situation. „Du musst jetzt einfach mal raus", hatte mir Kurt Scherer geraten, der wie ich zur Leitung des ERF gehörte, des christlichen Radio- und Fernsenders, bei dem ich seit vielen Jahren in Lohn und Brot stand und dessen Gesamtleitung ich nach dieser Krise übernehmen sollte. Scherer war damals für unsere Seelsorgearbeit verantwortlich. „Ich kann nicht einfach mal raus", hatte ich geantwortet, „da sind noch so viele Termine." Doch er war hart geblieben. „Wenn du jetzt keine Konsequenzen ziehst, dauert es umso länger, bis du wieder zu Kräften kommst." Gemeinsam hatten wir überlegt, was zu tun sei. Ein paar Wochen aussteigen, mal ganz woanders leben, Abstand gewinnen, nachdenken, reden und beten. „Ich will aber nicht alleine", hatte ich zaghaft eingeworfen. „Dann nimm deine Frau mit", hatte Kurt Scherer geantwortet. „Geht nicht", hatte ich eingewandt, „wir haben drei Kinder." „Dann besorgt euch jemand, der sich in dieser Zeit um sie kümmert."

Point of no Return

Und so geschah es dann auch: Meine Mutter war zu uns nach Hause gekommen, um acht Wochen lang für unsere Kinder da zu sein. Zusammen hatten sie uns zum Flughafen gebracht. Umarmung, Küsschen, alles Gute. Der „Point of no Return" war erreicht. Der Punkt, an dem man nicht mehr umkehren kann.

Und nun saßen wir im Flieger. Was hatten wir nur gemacht? Wir hatten Kinder, Freunde, Kollegen zurückgelassen, den Arbeitsplatz, die Wohnung und die Gemeinde. Vor uns lag eine ungewisse Zukunft. Im ERF hatte ich gesagt: „Bitte betet für mich. Ich weiß noch nicht, ob ich hierher zurückkomme." Freunde hatten uns geholfen, das Ziel unserer Expedition auszumachen: ein Jugendcamp in der Nähe von Dallas. Jetzt im Herbst würden dort keine Freizeiten sein, ein Trailer, ein Wohnwagen im wahrsten Sinne des Wortes, in dem sonst die Mitarbeiter des Camps wohnten, würde für die kommenden acht Wochen unsere Heimat sein. Freunde hatten uns mit ein paar Adressen versorgt, besonders mit einer. Hier erwarteten sie nachhaltige Hilfe für mich: bei einem Theologieprofessor, der lange Jahre selbst dieses Camp geleitet hatte.

Freunde braucht man dringend in solchen Zeiten. Ich hätte nicht genug Kraft gehabt, das alles selbst zu organisieren.

In Dallas kam es tatsächlich zu vielen guten und tiefen Gesprächen mit „meinem" Theologieprofessor. Unter anderem empfahl er mir das Buch eines amerikanischen Psychologen. Keith Miller ist sein Name. Dieses Buch beschreibt das Zwölf-Punkte-Programm, das die anonymen Alkoholiker als Therapie benutzen. Ich bin damals bei Punkt 1 hängengeblieben. Denn der ist schon schwer genug. „Wir haben erkannt und bekennen, dass wir nichts unter Kontrolle haben, nicht einmal uns selbst."

Alles unter Kontrolle?

Vielleicht war das ja die tiefste Ursache für mein Burn-out: ständig zu meinen, ich müsste alles im Griff haben. Verantwortlich sein. Schließlich bin ich der Chef. Gott halte ich zuweilen für überbeschäftigt oder gar für überfordert. Ich bilde mir ein, ich wüsste am Ende doch besser, was gut ist für mich und für die anderen. „Lass mal, Gott, ich kümmere mich da lieber selbst drum." Die Folge ist ein Leben, das mich mehr strapaziert, als nötig wäre. Klar, ich betete. Aber ich behielt dabei die Fäden doch eher selbst in der Hand. Neue Mitarbeiter finden – das war schließlich mein Job. Mich von alten trennen, auch. Für die nötigen Spenden sorgen, mit denen wir unsere Medienarbeit finanzieren – dafür musste ich mir immer wieder neu etwas einfallen lassen. Gott konnte sicherlich helfen. Aber die Ideen musste wohl doch eher ich haben. Die Folge war der tägliche Kampf und Krampf. Die Folge waren schlaflose Nächte. Die Folge war dieses eigenartige Burn-out. Hatte ich nun einfach nur nachzusitzen, mühsam zu lernen, was ich bis dahin nicht gelernt hatte?

Ich liebe es „in control" zu sein, Freund und Feind einschätzen zu können, Lösungen zu finden auf die tausendfachen Fragen des Lebens, anderen Menschen Steine aus dem Weg zu räumen. Ich weiß, dass das etwas mit meiner persönlichen Geschichte zu tun hat, auch mit den Verhaltensmustern, die ich in der Familie gelernt habe. Immer fühlte ich mich verantwortlich. Schließlich war ich der Erstgeborene. Und ein Einzelkind dazu, denn mein Bruder wagte sich erst in unsere Familie, als ich schon elf war. Immer war ich der Vermittler, wenn's zischte und krachte zwischen meinen Eltern. Ich hatte den einen zu schützen und den anderen zu bändigen.

Loslassen

Ich weiß, dass sich das nicht so einfach ändern lässt. Ich weiß aber auch, dass dahinter oft mangelnder Glaube steckt und mangelndes Vertrauen. Mein Selbstvertrauen ist größer als mein Gottvertrauen. Das aber geht nur so lange gut, so lange es gut geht.

Und so beginnt jede Therapie mit Loslassen.

Bilder von sich selbst loslassen. Erwartungsdruck loslassen. Rollen loslassen. Verhaltensmuster loslassen. Menschen loslassen. Sie aus der Hand geben. Sie in die Hand Gottes geben. Sie ihm anvertrauen. Schließlich weiß er besser, was gut ist für sie. Und er kann zudem erheblich besser dafür sorgen, dass auch passiert, was er für gut befindet.

Und sonst? In Texas habe ich ein Buch des amerikanischen Arztes Frank Minirth gelesen, Leiter der Minirth-Meier-Klinik: „How to Beat Burn-out". Er berichtet darin von einer seiner Patientinnen. Was hat sie getan? Antwort: „Ich habe erst akzeptiert, dass ich im Burn-out stecke. Dann habe ich angefangen, etwas dagegen zu tun.

Ich habe gelernt, dass ich mich um meine körperlichen Bedürfnisse kümmern muss. Ich habe mein geistliches Leben kultiviert. Ich habe Interessen außerhalb meines bisherigen Lebens entwickelt – und vielleicht das Wichtigste von allem: Ich habe gelernt, nicht zu hart zu mir selbst zu sein, mir selbst zu erlauben, gelegentlich Fehler zu machen, und mir selbst zu vergeben, wenn ich etwas falsch gemacht habe."

Vor allem dieser Gedanke hat mich damals geradezu überfallen: barmherzig sein mit mir selbst. Wir Christen haben es gelernt, barmherzig zu anderen zu sein – mit uns selbst gehen wir häufig genug sehr unbarmherzig um. Wir Christen haben es gelernt, anderen zu vergeben – uns selbst vergeben wir sehr häufig nicht. Wenn ich mir Gottes Vergebung gefallen lasse, dann will, dann muss ich mir auch selbst vergeben. Wenn Gott meine Schuld nimmt und sie im Meer versenkt, dann darf ich sie nicht immer wieder herausfischen und mir vorhalten.

Und wenn sie wieder auftaucht? Wieder versenken! Immer wieder versenken! Vielleicht sogar einmal im Angesicht eines anderen Menschen. Denn es hinterlässt in der Regel einen viel nachhaltigeren Eindruck, wenn mir ein anderer Mensch im Namen von Jesus sagt: Dir sind deine Sünden vergeben.

Der Leiter eines großen Unternehmens hat einmal, nachdem er sein Burn-out durchgestanden hatte, ein paar wichtige Punkte zu Papier gebracht.

1. Erkenne, dass du nicht perfekt sein musst, um „Jemand" zu sein. Du bist schon jemand in Christus, weil er das sagt.

2. Erkenne, dass du nicht perfekt sein musst, damit andere dich anerkennen.

3. Betrachte dein Leben aus der Ewigkeitsperspektive. Was wirst du mitnehmen?

4. Lerne dich mit Aktivitäten zu entspannen, die zu dir passen.

5. Entdecke den verborgenen Zorn in dir. Dann vergib anderen für ihren Anteil daran, und vergib dir selbst dafür, dass du diesen Zorn gehabt hast.

An diesem Fünf-Punkte-Programm arbeite ich seitdem. Halte mir die einzelnen Punkte immer wieder einmal vor Augen. Denn auch, wenn ich etwas noch so schnell gelernt habe – ich vergesse es noch viel schneller. Ich weiß ja: Die Gefahr, in ein erneutes Burn-out zu schlittern, ist seit der elementaren Erfahrung von damals nicht ein für alle Mal gebannt. Aber ich bin hellhöriger geworden. Höre auf meine Seele. Und auf meinen Körper. Und nehme ihre Warnsignale sensibler wahr. Getreu dem Satz: „Sagt die Seele zum Körper: Sprich du mal mit ihm. Vielleicht hört er auf dich."

Gern würde ich wieder nach Texas fliegen. Aber ohne Burn-out.

„G'SCHWIND SELBST G'MACHT"
Schwester Inge Kimmerle

Schwester Inge Kimmerle, geb. 1939, leitet seit drei Jahren das Trödelcafé im Zentrum der Berliner Stadtmission am Berliner Hauptbahnhof.

„Schalt doch einfach mal ab!"

Leichter gesagt als getan. Die Hektik des Alltags zu stoppen und einfach auszuschalten, das hörte sich verlockend an. Aber den „Schalter" dafür fand ich nicht.

Ich war 14 Jahre als Gemeindediakonin mit religionspädagogischem Auftrag in einer traditionell landeskirchlich geprägten Innenstadtgemeinde tätig, als ich in eine „fette Krise" rutschte. Wenn ich heute versuche, meinen damaligen Zustand in einem Bild auszudrücken, so sehe ich vor meinem inneren Auge ein entleertes, ausgebranntes Haus. Die Grundmauern stehen noch. Die Fassade ist sogar beeindruckend farbig bemalt, aber dahinter ist nichts mehr vorhanden. Ein Haus, immer noch in einem geordneten Garten stehend, aber eben leer. Das Leben als Diakonisse in dieser Aufgabe hatte mich anfangs beflügelt, begeistert. Jetzt war der Schwung einer großen Müdigkeit und Routine gewichen. Nur die Außenseite stimmte noch; ich trug schließlich die Diakonissentracht.

Wenn ich heute, zwanzig Jahre danach, auf diese Zeit zurückschaue und sie reflektiere, dann kann ich nur sagen: Danke, Vater im Himmel, für diesen Tiefpunkt. Er wurde zu einem wichtigen Wendepunkt in meinem Leben.

Schleichend in die Krise

Ich bleibe bei dem eingangs erwähnten Bild des Hauses und nehme es zur Verdeutlichung meiner damaligen Lebenssituation. In meinem Lebenshaus hatte sich zu viel „Müll" angesammelt. Da war der Sog des Erfolgs, dann der immense Leistungsdruck: Ich baute Kinder- und Teenagerkreise auf, ich organisierte Gemeindeveranstaltungen, ich führte viele Seelsorgegespräche und gab Religionsunterricht. Dazu kam ein Junge-Erwachsenen-Kreis, der mich besonders forderte. Für die etwa sechzig Personen, meist Studierende, mussten erst noch Räume geschaffen und eingerichtet werden. Dafür wie überhaupt für alles und jedes meinte ich Verantwortung übernehmen zu sollen. Anstatt zu delegieren, machte ich die Dinge lieber „g'schwind selbst". Es mag verrückt klingen, aber wenn ich ahnte, dass die Sonntagspredigt schwach ausfallen würde, versuchte ich die fehlende Leistung des Pfarrers durch einen besonders üppigen Blumenschmuck auszugleichen.

Vor allem aber hatten sich in meinem Lebenshaus nach und nach falsche Antreiber einquartiert, die sich zu gefährlichen Fallen entwickelten.

Antreiber 1 brachte mich in die Stressfalle: Es war der stets überbordende Terminkalender im Zusammenwirken mit einer zu großen Portion Ehrgeiz.

Antreiber 2 schickte mich in die Gefälligkeitsfalle: Es war der Kernsatz, den ich nach und nach verinnerlicht hatte: Du musst es immer allen – den Frommen wie den „Randsiedlern" – recht machen! Das dahinter sich versteckende Motiv (Dann bekommst du Anerkennung!) verdrängte ich.

Durch Antreiber 3 landete ich in der Perfektionsfalle: Als eine Person mit dem „Sahnehäubchen" (der Schwesternhaube) darfst du keine Fehler machen. Hinzu kam, dass ich mich grenzenlos verausgabte und meine eigenen Bedürfnisse ignorierte, also immer mehr bei den Bedürfnissen anderer Menschen war als bei mir selbst. Freiräume, um auf die Bedürfnisse meines Körpers und meiner Seele zu achten, gestand ich mir nicht zu.

Antreiber 4 lockte mich in die emotionale Falle: Negative Gefühle wie Ärger, Ängste, Frust, Enttäuschungen, peinliche Erinnerungen und so weiter – für all das ist im Leben einer Christin kein Raum. Also drückte ich sie einfach weg oder kompensierte sie. Aufkeimende Konflikte wurden gleich unter den Teppich gekehrt.

Lange Zeit hatten der Dienst und das Leben so richtig Freude gemacht. Es war ja so viel Segen und Lebensqualität darin, und ich durfte erleben, dass sehr viele junge und ältere Menschen sich auf ein Leben mit Jesus Christus einließen. Aber zwischen dem, was ich im Kopf über Gott und ein von seiner Liebe geprägtes Leben wusste, was ich an theoretischem Bibel- und Bücherwissen abgespeichert, auch mit Begeisterung aufgenommen und, wie ich meinte, umgesetzt hatte, und dem was ich praktisch lebte, tat sich ein Abgrund auf.

Im Blick auf diese meist fromm daherkommenden Antreiber in meinem Lebenshaus hatte ich einen blinden Fleck, und um ihn zu entlarven, war ich viel zu beschäftigt. Aber welch ein Glück: Der Gott, dem ich mit Leidenschaft dienen wollte, er war ja da und machte mich Stück um Stück ganz zart und behutsam durch seinen Heiligen Geist sehend für die ungebetenen Hausbesetzer und die eigenen Abgründe. Ich hatte die wichtigste Quelle der Energie, der Erfrischung und Lebensfreude, meine persönliche Gottesbeziehung, vernachlässigt. Etwas überspitzt ausgedrückt: Mein Haus war voll, und den Heiligen Geist hatte ich in die Obdachlosigkeit geschickt.

Ein Blick zurück

In meiner Verkündigung stand Jesus Christus immer an zentraler Stelle. Ich durfte in meinem bisherigen Leben dreimal am Aufbau von Jugend- und Gemeindearbeit beteiligt sein. In Köln, im Bezirk Geislingen und schließlich in Freiburg. Weil Gott treu und zuverlässig ist, war mein Leben immer voller Dynamik, ja geradezu abenteuerlich.

Dennoch war mein Gottesbild irgendwie in Schieflage geraten. Gott war, was ich später erst verstand, in dieser Phase der Krise, als ich den Boden unter den Füßen verlor, für mich wie ein kontrollierender Vorgesetzter, der distanziert, aber mit wachem Blick an seinem Schreibtisch sitzt. Wenn ich funktioniere, aktiv bei der Sache bin, schmunzelt er mir zu und signalisiert mir sozusagen mit hochgezogenen Augenbrauen Zustimmung; ist also zufrieden. Wenn ich aber seine Interessen nicht gewissenhaft vertrete, sündige, keine Stille Zeit mache, zu wenig bete, mich unangemessen verhalte, dann steht er auf, wendet sich ab, kehrt mir den Rücken zu und straft mich mit Liebesentzug – so lange, bis ich wieder auf dem richtigen Pfad bin. Man kann sich vorstellen, dass man bei so einem Gottesbild Probleme mit der Echtheit hat. Fehler und Schwächen werden kaschiert, Sünde muss bagatellisiert werden, als Versager fühlte ich mich dennoch – diese Sicht trennte mich von Gott. Für die korrigierenden Impulse seines Geistes war kein Raum; alles, was ich fühlte, war Erwartungsdruck. Die Krise war unausweichlich.

Rutschbahn – und Landung in der völligen Erschöpfung

Eines Tages bin ich voller Wut, Erschöpfung, Traurigkeit, Zweifel, Selbstanklage. Außerdem leide ich an Kopfschmerzen und Heiserkeit, und so lande ich schließlich bei meinem Hausarzt. „So, jetzt sind Sie selbst mal dran", ist sein kurzer Kommentar. Ich wehre mich nur kurz und sehe dann ein, dass er recht hat. Mit einer Krankschreibung für zwei Wochen stehe ich wieder in meiner Wohnung. Mein Schreibtisch grinst mich an: Vierzehn Tage krank, das geht doch gar nicht!

Das habe ich nun davon, nach 25 Jahren Dienst für Gott und die Menschen, denke ich. Nirgendwo sehe ich einen Haltegriff, ich rutsche immer tiefer in einen Zustand der Verzweiflung. Alle Grenzen werden fließend. Das Fundament wankt. Ich fühle mich wie ein Mensch, der seine Wohnung leer räumt, weil er einen neuen Teppichboden legen will. Als die Möbel ausgeräumt sind und er den alten Teppichboden zusammenrollt, stellt er mit Schrecken fest: Da sind ja gar keine Dielen drunter. Es gibt keinen festen Boden!

Sätze purzeln in meinem Kopf durcheinander: Was ist bei dir denn eigentlich Eigenes, was ist Übernommenes oder einfach nur Nachgeplappertes? Was ist überhaupt deine Identität, dein Wert? Bist du nicht nur dann etwas wert und wirst du nicht nur dann geliebt, wenn du ordentlich Leistung bringst?

Tagelang sitze ich weinend, manchmal auch schmollend und mit Gott schimpfend da und schiebe mehr oder weniger bewusst die Verantwortung für meinen Zustand auf Gott ab. Und was tut er? Er zieht sich nicht zurück. Er ist da, hält mein Geschimpfe und Geplärre aus und kommt mir entgegen – ohne Anklage, ohne Forderung, ohne Zurechtweisung. Mit wohltuend zarter Zuwendung kommt er zu mir; und so ganz nebenbei werde ich sehend, weichen die blinden Flecken. Und dann weiß ich ganz sicher: Gott, der Vater, sucht nicht meine Leistungen, meine Überstunden – nein, er sucht mein Herz.

Mein Lebenshaus wird saniert

Mit Haut und Haaren, vom großen Zeh bis zur letzten Haarspitze – geliebt. Das Leben unter seiner Regie nicht mehr nur Pflicht und Anstrengung, sondern wieder Lust und Leidenschaft. Dieser Veränderungsprozess kam dadurch in Gang, dass ich mit meinen Zweifeln und meiner Verzweiflung und all der Erschöpfung an einem denkwürdigen Vormittag in Gottes spürbare Gegenwart gestellt wurde. Nicht nur ein paar Tropfen seiner Liebe spürte ich, es war wie ein Vollbad oder wie ein wärmender Mantel, der mich umhüllte. Gottes Liebe, das war mir jetzt sonnenklar, ist absolut unabhängig von meinem Verhalten. Sie berührte mich so stark, dass ich eine Kraft wie einen ermutigenden Schub in den weiten Raum von Gottes Gegenwart empfand. Ich hatte plötzlich eine neue Lebensperspektive. Der Satz: „Du stellst meine Füße auf weiten Raum", wurde zur Gewissheit. Er richtete mich auf und hatte heilende Wirkung.

Was war hilfreich?

Die Vaterliebe Gottes und der Heilige Geist bekamen einen neuen Stellenwert in meinem Leben. Liebevolle Mitschwestern und Freunde waren hilfreich, auch das Buch von Henry Nouwen „Nimm sein Bild in dein Herz". Dazu machte mir die Badische Landeskirche ein Geschenk und finanzierte mir die Anfangskurse einer Seelsorgeausbildung. Die Krise wurde in meinem Leben ein Werk der zurechtbringenden und wiederherstellenden Liebe Gottes und mein Weg in die Freiheit, in die Wahrhaftigkeit – letztlich ein Durchgang zu lebendigerem und authentischem Leben. Und sie beinhaltete und eröffnete den Weg in eine neue Berufung: die Gründung eines Ladenprojekts in Freiburg mit dem Namen „S'einlädele".

Diese Tatsache ist umso erstaunlicher, als eben dieser Tiefpunkt vorausging und eine Diakonisse ja über kein Eigenkapital verfügt. Aber Gott hatte wohl vor, mir eine ganz neue Seite seines Wesens zu zeigen, nämlich seine verschwenderische Großzügigkeit. Nachdem ich nur noch Trümmer gesehen hatte, durfte ich nun eine ganz neue Sicht auf mein Leben gewinnen. Jeder Tag bot ein neues Lernfeld: Um dieses Projekt zu realisieren, musste ich meine Zeit gut strukturieren, aber ohne meine eigenen Bedürfnisse zu überfahren. Was bedeutet mir Erholung und Entspannung? Das musste ich erst einmal erkennen und dann kultivieren. Ich spürte, dass ich zu einem ganz neuen Selbstwertgefühl gefunden hatte: Was immer ist oder nicht ist, Gottes Liebe zu mir steht und ist das Größte.

18 Jahre leitete ich das Ladenprojekt, zu dem nicht nur Verkauf, sondern auch Seelsorge und die Unterstützung einer Arbeit in Kiew gehörten. Als ich siebzig wurde, konnte ich die Arbeit in die Verantwortung der Freiburger Stadtmission übergeben. Seit der Krise kann ich alles, was ich tue, ob am Sonntag oder am Werktag, als Gottesdienst verstehen (Römer 12,1). Tun oder Lassen sind für mich nicht mehr so zentral, wesentlich geworden ist mir das Sein. Diese Haltung zu leben, habe ich nun noch einmal an einem neuen Ort die Gelegenheit: bei der Berliner Stadtmission, die sich an vielen sozialen Brennpunkten der Hauptstadt engagiert. Seit drei Jahren arbeite ich an einem besonderen Ort,

diesmal in unmittelbarer Nähe des Hauptbahnhofs, sozusagen zwischen Knast und Kanzleramt. Das Café, das ich mit aufgebaut habe, heißt „inneHalt", und auch hier gehören neben einem Lädchen mit schönen Dingen Gespräche und Seelsorge zum Angebot.

Manchmal spüre ich noch die Antreiber, an die ich zu viele Rechte abgegeben hatte und die mich damals in die Krise geführt haben. Aber sie sind entmachtet und dürfen höchstens mal in einer Nebenrolle auftreten. Es gelingt mir trotz eines bewegten Alltags und einer nur geringen Zahl an Mitarbeitern, Zeiten des Rückzugs und Freiräume für die eigene Seele zu schaffen. Das kulturelle Angebot der Stadt hilft mir, ohne schlechtes Gewissen zu genießen und von der Arbeit abzuschalten.

So hat mich die Krise in eine an Christus und seine Liebe gebundene Freiheit geführt, die wohltuend, aber nicht unverbindlich ist. Ich stelle mich gerne der täglichen Herausforderung, diese Liebe in meinen bunten Alltag zu integrieren und weiterfließen zu lassen.

TANKEN NICHT VERGESSEN!
Claudia Schneider-Pflanz

Claudia Schneider-Pflanz, ge-boren 1963, ist Diakonin und lebt in Rotenburg/Fulda. Sie arbeitet in einem christlichen Tagungs- und Gästehaus als Haus- und Studienleiterin.

Du hast mich vom Tode erret-tet, meine Füße vom Gleiten, dass ich wandeln kann vor Gott im Licht der Lebendigen.
Psalm 56,14

Von heute aus betrachtet, ist mir klar: Ich habe schon mindestens zwei Jahre vor der akuten Situation gespürt, wie ausgepowert und erschöpft ich war. Ich wollte es mir aber nicht eingestehen. Ich leite ein Tagungs- und Gästehaus, und Tagungsteilnehmerinnen, die als Stammgäste wiederholt im Haus waren, sagten mir schon mal freundschaftlich: „Du guckst oft so traurig. Du siehst so müde aus. Du wirkst erschöpft."

Müde und erschöpft fühlte ich mich allemal. Dass ich auch traurig wirkte, machte mich hellhörig. Auf der einen Seite war es kein Wunder, nach damals zwölf Jahren Leitungsarbeit als Dia-konin in einem Tagungshaus mit Verantwortung für Mitarbeiter, Gäste, Hauswirtschaft und Verwaltung abgearbeitet und ausge-powert zu sein. Andererseits machte mir so vieles so große Freude. Leider war die Aufgabenverteilung so, dass ich mich zeitlich weit mehr mit den Dingen beschäftigen musste, die mich eher erschöpften, zum Beispiel Verwaltungs- und Hauswirtschaftsarbeiten, als mit denen, die mir gut liegen und leicht von der Hand gehen, wie die inhaltliche und seelsorgliche Begleitung der Gruppen. Genau für diesen Bereich blieb oft weniger Zeit.

An unerträglichen Tagen

Die Last des Tages
annehmen,
sich ihr geduldig
beugen.
Nicht wissen müssen,
ob die Kraft
noch ausreicht
für morgen.
Den heutigen Tag
bestehen.
Das ist genug.

Die Last des Tages
annehmen.
Nicht,
weil sie tragbar ist,
nicht,
weil du stark genug bist,
nicht,
weil kein Fluchtweg offen steht.
Die Last des Tages
annehmen,
weil Einer da ist,
der zu dir sagt:
„Ich stärke dich."[15]

---

15   aus: Sabine Naegeli: Du hast mein Dunkel geteilt. Gebete an unerträglichen Tagen, Herder Verlag, Freiburg 2001.

Eines Tages rüttelte eine Freundin mich wach: Sie sei nicht mehr bereit, sich meine Nöte anzuhören, wenn auf meiner Seite keine Schritte der Veränderung folgten. Ich dürfe mich nicht mehr über den Zustand der Überforderung und eines Zuviel auf verschiedenen Ebenen beklagen, sondern müsse aktiv Hilfe zur Veränderung suchen.

In der seelsorglich-therapeutischen Begleitung, die ich mir nun suchte, kamen viele Dinge ans Licht. Nicht nur die Arbeit, die mir wenig lag, auch nicht nur das Zuviel an Arbeit hatten dazu geführt, dass „mein Tank leer war", wie ich meine Situation oft empfand. Vielmehr war es meine Angst, die auf verschiedenen Ebenen zum Vorschein kam – vor allem die Angst, nicht zu genügen oder es den anderen nicht recht zu machen.

Einmal schrieb ich in mein Tagebuch:

Ich fühle mich fast wie tot, so lädiert an Leib und Seele, so ausgekratzt und ausgepowert von sooo viiiiel Arbeit …

Doch heute weiß ich, nicht die Arbeit an sich, sondern die Angst, sie nicht zu schaffen bzw. fristgerecht zu schaffen, machte mich krank.

Sei gesegnet, ohne die Sorge zu haben, dass nicht genügt,
was du tust.
Sei gesegnet, ohne die Angst zu haben, dass nicht ausreicht,
was du bewegst.
Sei gesegnet, ohne die Furcht zu haben, dass nicht zählt,
was du tust.
Du bist gesegnet: vor Gott genügt, zählt und reicht immer aus:
Seine Gnade![16]

Eine weitere Schwierigkeit war, dass mein Ehemann zugleich mein Kollege war (und bis heute ist). Oft fühlte ich mich in Gesprächen mit ihm nicht richtig verstanden oder zurückgesetzt. Und wenn wir beruflich Meinungsverschiedenheiten hatten, wirkte sich das natürlich auch auf unsere Ehe aus. Trotz mancher Hilfe von außen blieb es aufgrund unserer großen Unterschied-

---

16 Verfasser unbekannt

lichkeit – gerade auch, was unsere Begabungen betrifft – immer neu eine Herausforderung, was wir schon 18 Jahre zuvor auf unsere Verlobungskarte gesetzt hatten: „Nehmt einander an, wie Christus euch angenommen hat zu Gottes Lob" (Römer 15,7). Und diese Herausforderung bleibt.

Zum wiederholten Mal musste ich mir eingestehen, dass ich in der Fürsorge für andere stets mehr tat als in der Fürsorge für mich selbst. Ich hätte meinen Tank wieder füllen können, wenn ich verstanden hätte, dass Selbstfürsorge ein ausdrückliches Gebot Jesu ist (Lukas 10,27): Gott lieben und den Nächsten wie mich selbst. Leider rückte die Sorge für mich selbst immer wieder in den Hintergrund, und das Gleichgewicht war gestört. Es konnte gar nicht anders sein: Über kurz oder lang musste es in eine Schieflage von Leib und Seele führen.

Lass dich nicht ängsten,
nichts dich erschrecken.
Alles vergeht,
Gott allein bleibt, der er ist.
Alles erreicht der Geduldige,
und wer Gott hat, der hat alles.
Gott allein genügt.
Teresa von Avila

Schon seit Jahrzehnten litt ich an Rücken- und Schulterschmerzen, und mir war klar, dass sie neben organischen Ursachen natürlich auch mit dem zu tun hatten, was ich mir selbst auflud oder mir von anderen aufladen ließ.

Ein weiteres Thema war meine Angst. Natürlich ist Angst meist ein schlechter Ratgeber. Wohl wissend, dass Jesus Christus mir zugesteht, Angst zu haben (Johannes 16,33), und sie in bestimmten Situationen lebensrettend ist, führte eine dauernde unterschwellige Angst bei mir zu einer zusätzlichen Belastung. Ich hatte das Gefühl, meine Seele tappe immer wieder im Dunkeln. Meine Angst zeigte sich nach außen als Traurigkeit. Mein Lebensgefühl färbte sich dunkel, ich hatte den Eindruck, alles rutsche mehr und mehr in den Keller. Auch Gefühle der Sinnlosigkeit stellten sich ein, das

Empfinden, einfach nicht mehr zu können, und oft dachte ich einfach nur noch: „Rutscht mir doch alle den Buckel runter. Ich kann nicht mehr."

Gott, zu dir rufe ich!
Hilf mir beten und meine Gedanken sammeln zu dir;
ich kann es nicht allein.
In mir ist es finster,
aber bei dir ist das Licht;
ich bin einsam,
aber du verlässt mich nicht;
ich bin kleinmütig,
aber bei dir ist die Hilfe;
ich bin unruhig,
aber bei dir ist der Friede;
in mir ist Bitterkeit,
aber bei dir ist die Geduld;
ich verstehe deine Wege nicht;
aber du weißt den Weg für mich.
Dietrich Bonhoeffer

Doch dann stellte mir Gott „wegweisende Engel" in den Weg und verhalf mir so zu einer Kursänderung. Als Lichter im Dunkeln begegneten mir innerhalb eines halben Jahres vier Personen, alle hauptamtlich im christlichen Bereich tätig. Alle vier berichteten mir, ohne dass ich sie danach gefragt hätte, wie gut ihnen eine sechswöchige psychosomatische Kur getan habe. Bis zu diesem Zeitpunkt hatte ich zwar sehr oft den Wunsch nach einer Auszeit gehabt, aber ich hätte es nie gewagt, meinen Mann, mit dem ich mir die Leitung des Gästehauses teilte, so viele Wochen mit all der Arbeit allein zu lassen. Doch die vier Erfahrungsberichte machten mir deutlich, wie dringend ich solch eine Kur benötigte, und waren der Auslöser dafür, dass ich endlich mit der Selbstfürsorge begann. Mir wurde klar: Ich brauchte eine Kur und würde mir ärztliche Unterstützung suchen, um sie bewilligt zu bekommen.

Und so geschah es: Am Gründonnerstag stellten wir die Anträ-ge, und am Dienstag nach Pfingsten konnte ich meinen Kuraufenthalt antreten. Doch dann erlebte ich eine Überraschung, die mich sehr beunruhigte: Ich wurde auf die Akutstation eingewiesen. Ist es denn so schlimm mit mir?, fragte ich mich.

Bald erfuhr ich, dass mein Wunsch nach einem schnellen Antritt meiner Kur nur mit dem Aufenthalt auf der Akutstation zu erfüllen gewesen war. Auf der anderen Seite hatte ich wohl auch nicht so recht wahrhaben wollen, wie dringend es wirklich war. Im Nachhinein denke ich, dass ich einen Meter vor dem Absturz in den Burn-out aufgefangen wurde. Oder anders gesagt: Mein Tank war zwar leer, aber noch nicht durchgerostet. Es musste also kein komplett neuer Tank her, auch kein Leck gestopft werden, es ging „nur" um eine neue Tankfüllung und darum, wie der Tank von nun an regelmäßig nachgefüllt werden sollte. Die sechs Wochen Aufenthalt in der psychosomatischen Klinik waren für mich genau das Richtige zum richtigen Zeitpunkt am richtigen Ort. Ich bin noch heute von ganzem Herzen dankbar dafür, dass ich diese Hilfe erhalten und sie in Anspruch genommen habe.

Es ging darum, Selbstannahme einzuüben. Das Erste, was ich lernen musste, war, mich nicht selbst zu verurteilen. Das galt für Gedanken und Worte. („Wie kann ich nur so blöd sein?" – „Warum machst du das so und nicht anders?") Ein ausgezeichneter Chefarzt wies mich immer wieder darauf hin: keine negativen und abwertenden Selbstgespräche! Stattdessen: Es darf so sein. Es ist gut. Ich darf so sein und mich mit allen Ecken und Kanten und allem Nichtgelingen so stehen lassen, mich so annehmen, wie ich bin. Und mich natürlich auch dessen freuen, was gut und wunderbar an mir ist, und dies in die Waagschale werfen. Und falls ich da gerade nichts sehen kann, wirft Gott eben seine ganze Liebe und Güte in die Waagschale.

Eine vertrauensvolle und liebevolle Kurseelsorgerin hörte mir mit wertschätzender Annahme zu und brachte gemeinsam mit mir meine Anliegen vor Gott. Was die Therapeuten und die Seelsorgerin sagten und taten, ergänzte sich für mich zu einem heilsamen Ganzen. Das nachstehende Gebet mit seinen Bewegungen lernte ich bei der Kurseelsorgerin, und ich habe es seitdem für mich und andere als Mutmacher eingesetzt. (Normalerweise erfolgt erst die Bewegung, dann das gesprochene oder gedachte Wort.)

Da bin ich, Gott.
Arme seitlich anheben, Handflächen nach unten.
Ich öffne mich vor dir.
Arme in Brusthöhe vor dem Körper öffnen.
Ich warte auf dich.
Arme über dem Kopf kelchförmig ausstrecken.
Hände seitlich aneinanderlegen,
Handflächen dem Körper zugewandt.
In dieser Haltung innehalten. Hinspüren.
Mein Denken,
Hände vor der Stirn,
mein Reden,
vor den Lippen,
mein Fühlen,
vor dem Herzen,
mein Unterbewusstes
vor dem Bauchraum,
lege ich vor dich.
Hände, zur Schale geformt, schütten es aus,
lassen es herausfließen auf den Boden.
Aus deiner Fülle schöpfe ich.
Hände greifen weit aus, schöpfen aus der Quelle im Erdreich.
Es ist genug.
Hände vor der Leibmitte zur Schale formen, ruhen lassen.
Für mich.
Für andere.
Hände ausbreiten.
Danke, Gott.
Hände ineinandergelegt zum Herzen führen.
Amen.

Als Christin wusste ich mich in allem von Gottes Hand gehalten und von seinen Engeln umgeben. Diese Grund-Geborgenheit war auch das Fundament, auf dem ich mich besonders im Einzeltherapie-Gespräch auf meine Vergangenheit und jüngste Kindheit einlassen und manches aus dem Dunkel der Seele hervorholen konnte. So kam neues Licht in mein Verhältnis zu meinen Eltern. Die Erlebnisse mit meinem Vater und die daraus folgende sehr schwierige Gestaltung unseres Familienlebens werden wohl zeitlebens eine Wunde der Ablehnung in mir hinterlassen.

Und doch konnte ein Stück heil werden. Auf Empfehlung des Therapeuten suchte ich nach meinem Kuraufenthalt das Gespräch mit meinem Vater. Obwohl er damals bereits an Alzheimer erkrankt war, konnte er sich an manches aus meiner Kindheit erinnern und mir glaubhaft mitteilen: „Dafür hab ich meinen Herrgott um Vergebung gebeten." Ganz spontan antwortete ich ihm: „Dann vergebe ich dir auch." Wir konnten über vieles sprechen. Ich erzählte ihm, welche Gedanken über ihn ich gehegt hatte und was ich ihm in Gedanken Böses gewünscht hatte, und ich bat ihn dafür um Vergebung. Eine Welle des Friedens wurde spürbar. Ich fragte ihn, ob ich ein Gebet sprechen dürfte und ob wir gemeinsam das Vaterunser beten könnten. Beides verband uns sehr, und eine Last aus der Vergangenheit wurde begraben. In den letzten beiden Jahren vor dem Tod meines Vaters lebten wir eine liebevolle und wertschätzende Beziehung.

Auch mit meiner Mutter suchte ich nach der Kur das Gespräch. Hier ging es darum, wie sehr sie sich an mich geklammert und mich vereinnahmt hatte und wie wenig es mir möglich gewesen war, mich abzugrenzen. Es gelang uns, miteinander einen Weg zu finden. Heute kann ich sagen: „Stopp, es wird mir zu viel. Ich kann nicht mehr zuhören", oder: „Ich kann nicht mehr da sein." Und meine Mutter versteht, dass sie sich durch solche Sätze nicht von mir abgelehnt fühlen muss, sondern dass ich Fürsorge für mich selbst übe. Wir sind weiterhin wertschätzend und liebevoll auf dem Weg.

Schon allein in der Beziehung zu meinen Eltern hat die Kur also wunderbare Auswirkungen gehabt.

Kreative Therapien, zum Beispiel das meditative Bogenschießen, haben innere Blockaden gelöst. Festgesetzter Ärger, den ich verdrängt hatte, durfte sich im wahrsten Sinne des Wortes Ausdruck schaffen: Der Pfeil nahm den Ärger ins Visier und schoss ihn ab. So konnte die Wut bewusst gemacht und verarbeitet werden.

Die musiktherapeutischen Einheiten halfen ebenfalls, Festgesetztes in der Seele zum mehr oder weniger angenehmen Klingen zu bringen und es anschauen und bearbeiten zu können.

Zum Abschluss der Kur wurde mir ein Tanz geschenkt, den ich selbst schuf – zu einem Lied, in dem eine Sängerin den Abschied aus ihrer Krise besingt. Diesen Tanz am Ende meiner Kur vortragen zu dürfen (und später dann dem einen oder andern Menschen nach meinem Kuraufenthalt), hat meine Kursänderung verdeutlicht und zu meinem Heilungsprozess beigetragen.

Bis heute fällt es mir schwer, genügend Fürsorge für mich selbst einzuplanen. Tief drin ist das Lebensstilmuster „Angst, nicht zu genügen", die Falle des Perfektionismus und der Wunsch, es immer noch besser machen und außerdem niemanden verletzen zu wollen. Das macht das Nein schwierig, weil ich ja jemanden „auf die Füße treten" könnte. Ich bin deshalb immer noch dabei zu lernen, dass Leben nicht möglich ist, ohne dass ich mich selbst verletzt fühle oder ein anderer sich verletzt fühlt. Ich lerne damit zu leben, dass sich jemand ärgert, weil ich seinem Wunsch oder seiner Vorstellung oder Erwartung nicht genüge. Und ich lerne, mich deshalb nicht abgelehnt zu fühlen. Umgekehrt akzeptiere ich, wenn jemand mir ein Nein entgegenbringt, und ich lerne, dass ich weder erwarten kann, stets verstanden zu werden, noch meinerseits immer alles oder alle verstehen muss. In alledem übe ich, die Situation, den anderen und auch mich anzunehmen. Bei Missverständnissen frage ich nach und freue mich, wenn wieder eine Situation geklärt ist.

Pausen einzuhalten ist wichtig, um wieder neue Kraft zu schöpfen. So wie im Alltag kleine Pausen nötig sind, braucht es auch die größere Pause des Sonntags. Diese Pausen möglich zu machen, gelingt mir mal mehr, mal weniger gut. Mein „Tank" füllt sich, wenn ich immer mal wieder einen halben oder ganzen Tag „Verschnaufpause" mache – in der Natur und mit Bewegung, außerhalb meines normalen Verantwortungsbereiches, am besten noch mit Stille und Hören auf Gott. Selbst ein Stündchen im Wald wirkt schon ein kleines Wunder.

Zeitweise versäume ich das Entspannen, meist wenn es viel zu viel Arbeit zu erledigen gibt, aber das rächt sich. Mein Körper und meine Seele, „schwächeln" dann und wollen nicht mehr. Es ist so eine weise Einrichtung unseres Schöpfers: sechs Tage Arbeit mit dem Feierabend und ein kompletter Ruhetag. Und ich Menschenkind meine immer wieder, meine Arbeit und ich seien so wichtig, dass ich diese Pausen übergehen kann. So werde ich also fröhlich weiterüben und ab und zu auch weniger fröhlich „liegen bleiben" wie ein Auto ohne Treibstoff, wenn ich wider besseres Wissen das Tanken übergehe. Meine Eigenverantwortung zur Selbstfürsorge ist mir klarer geworden.

Meine Erfahrungen „einen Meter vor dem Abgrund" haben mich barmherziger mit andern gemacht und auch barmherziger mir selbst gegenüber. Ich erkenne die „Abhänge und Klippen" schneller, die ich hinunterfallen könnte, und kann vorher einen „Stopp", eine Bedenkpause, einlegen und die Richtung ändern: weg vom Abgrund.

Mit einem Segenswort aus der Kurseelsorge möchte ich schließen:

Gott, Kraft aus der Tiefe, durchströme dich.
Gott, Kraft aus der Höhe, bewege dich.
Gott, Kraft in der Mitte, halte dich.
So segne und behüte dich Gott, der Allmächtige,
der Vater, der Sohn und der Heilige Geist.
Amen.

BORE-OUT – AUCH UNTERFORDERUNG IST STRESS
Ulrich Giesekus

Prof. Dr. Ulrich Giesekus, geboren 1957, ist Inhaber des Lehrstuhls für Psychologie und Counseling an der Internationalen Hochschule Liebenzell (IHL). Er ist außerdem Leiter von BeratungenPlus, einem Beraternetzwerk in Freudenstadt (www.beratungenplus.de), und führt eine Praxis als klinischer Psychologe.

Stress macht krank, unglücklich, leistungsschwach und aggressiv. Da sind sich alle einig. Neu ist die Erkenntnis, dass auch Langeweile und Unterforderung einen Menschen so stressen können, dass er krank wird. Bore-out nennt man dieses Phänomen, das die meisten Symptome mit dem Burn-out teilt. Aber wer möchte schon gern zugeben, dass es schrecklich anstrengend ist, immer so zu tun, als wäre man vollauf beschäftigt?

Die Herausforderungen, denen wir ausgesetzt sind, können eine Stressreaktion erzeugen, müssen es aber nicht. Ein Mangel an sinnvollen Herausforderungen dagegen ist auf Dauer immer Stress. Das Rezept „Weniger ist mehr" gilt wahrscheinlich nur für eine Minderheit der stressgeplagten Menschen. Für viele gilt vielmehr: Zu wenig ist auch zu viel. Stress entsteht durch Überforderung wie durch Unterforderung, und ob eine Herausforderung über- oder unterfordert, hängt von vielen Faktoren ab. Stressoren können Eustress (positive Energie, Kreativität, Konzentration, Flow-Erfahrungen usw.) oder Disstress auslösen (das, was man landläufig Stress nennt). Ein Beispiel für Eustress gibt Martin Luther: „Denn wenn ich gut schreiben, beten und predigen will, dann muss ich zornig sein; da erfrischt sich mein ganz Geblüt, mein Verstand wird geschärft, und alle Anfechtungen weichen."

Der gestresste Pförtner

Für das Thema Beruf und Stress gibt es Zahlen der Berufsgenossenschaften und Krankenkassen. Und die halten eine große Überraschung bereit: Die Berufstätigen mit der höchsten Gefährdung für stressbedingte Erkrankung sind nicht etwa Lehrerinnen, Manager, Rechtsanwältinnen oder Mediziner. Die kommen zwar auch viel zu häufig vor, aber auf Platz Eins findet sich der Beruf des – Pförtners! Gefolgt von Hausmeister, Reinigungskraft und Altenpfleger. Pförtner? Was ist denn daran stressig?

Der stressigste Beruf ist wahrscheinlich in Wirklichkeit, langzeitarbeitslos zu sein. Diese Tätigkeit kommt aber in den Statistiken der Berufsgenossenschaften nicht vor. Doch stressbedingte Suchtstörungen und Depressionen gehören bei Langzeitarbeitslosen zu den häufigsten Erkrankungen.

Beim zweiten Hinsehen versteht man den Pförtner. Und den ausgebrannten Langzeitarbeitslosen. Was aus Stressoren Stress macht, ist nämlich nicht in erster Linie die Quantität, sondern die Qualität der Arbeit. Vier Faktoren sorgen dafür, dass Druck einen Menschen beflügelt:

- Kann ich meine Begabungen entfalten?
- Habe ich die Möglichkeit, mein Handeln selbst zu steuern?
- Sehe ich den Sinn meiner Tätigkeit?
- Welchen Einfluss hat meine Arbeit auf meine privaten und beruflichen Beziehungen?

Beantworten Sie diese Fragen einmal für den Hochrisikoberuf Pförtner oder Arbeitsloser: Welche Begabungen werden gefördert?

Wie kann man diese Tätigkeit kreativ gestalten? Wie erlebt ein Arbeitsloser die Wichtigkeit des eigenen Tuns? Welche Beziehungen bieten sich an, wenn man als Pförtner nicht mehr als ein menschlicher Toröffner ist, und außerhalb, wenn man am Stammtisch mit beruflichen Erfahrungen prahlt, oder in der Familie, wenn die Kinder erzählen, dass sie sich für den Beruf bzw. die Arbeitslosigkeit des Vaters schämen, wenn in der Schule die Sprache darauf kommt?

Chris

Dass „weniger arbeiten" für die meisten Menschen nicht das Patentrezept ist, mit dem sie ihren Stress abbauen, bzw. dass „weniger arbeiten" eben nicht gelingt, illustriert das folgende Beispiel: Chris ist 37, seit 15 Jahren verheiratet, er hat zwei Kinder von 10 und 12 Jahren. Chris ist ein warmherziger, kontaktfreudiger Mann, hilft gerne und ist bei Nachbarn, Freunden und in der Kirchengemeinde für seine freundliche Art bekannt. Nach dem Abschluss der mittleren Reife hatten seine Eltern sich für ihn einen „soliden und sicheren" Beruf gewünscht und ihn deshalb in eine Ausbildung in der Finanzverwaltung gedrängt. So wurde Chris Beamter in der mittleren Laufbahn und arbeitet nun beim Finanzamt. Diese Tätigkeit langweilt ihn, und eigentlich interessiert ihn der ganze Job nicht. Sein Schreibtisch und der Computerbildschirm widern ihn zunehmend an. Immer häufiger muss er sich überwinden, am Morgen überhaupt zur Arbeit zu gehen. Chris schläft schlecht, wird depressiv, hat Mühe, sich zu konzentrieren, und schließlich gesteht er sich ein: Er hasst seinen Beruf! Aber Chris steckt in der Falle: Er muss die Familie versorgen. Aussteigen und etwas Neues anfangen? Fehlanzeige. Mit knapp vierzig hat er ohnehin keine Chance, auf dem Arbeitsmarkt von vorn zu beginnen.

Als seine Frau wieder eine Teilzeittätigkeit in ihrem Beruf aufnimmt, ist Chris glücklich, dass er nun seine Stelle um 25 Prozent reduzieren kann. Doch die erwartete Erleichterung ist nur von kurzer Dauer, denn die wenigen interessanten Steuerprüfungen, die vorher noch ein wenig Abwechslung boten, machen nun die

Vollzeitkollegen. Seine Tätigkeit besteht nur noch aus Routineaufgaben und ödet ihn noch mehr an.

Chris entschließt sich, zu einer Beratung zu gehen. Dort wird ihm klar, dass er zwar einerseits über-, gleichzeitig aber unterfordert ist. Er kann seine Begabungen nicht entfalten, und die Tätigkeit passt nicht zu seiner Persönlichkeit. Um seine beruflichen Kompetenzen in einem Bereich zu nutzen, der seinen Interessen eher entspricht, beginnt Chris ehrenamtlich, bei einer Schuldnerberatungsstelle zu helfen. Zum ersten Mal kommt er aus seiner anonymen Verwaltungsarbeit heraus und macht die Erfahrung, dass er mit seinen Finanz- und Steuerkompetenzen Menschen in Not konkret und schnell helfen kann. Nach einiger Zeit beginnt auch sein Beruf wieder sinnvoll zu werden – immer häufiger kommt es nämlich vor, dass er bei der Arbeit wichtige Informationen für seine ehrenamtliche Tätigkeit sammeln kann. Inzwischen hat er wieder auf hundert Prozent aufgestockt und arbeitet, wenn man das Ehrenamt dazurechnet, deutlich mehr als früher. Aber Chris ist weniger gestresst. In der Schuldnerberatung entfaltet er seine zwischenmenschliche Begabung. Er kann selbst steuern, wann er was wie macht. Er erlebt, dass seine Arbeit sinnvoll ist. Er entwickelt Beziehungen, hat interessante Begegnungen und genießt die anregende Kommunikation.

Die ehrenamtliche Tätigkeit entpuppt sich als eine Art Katalysator, die ihm hilft, seinen Beruf immer mehr als Berufung zu erleben.

Tunnelblick

Wie Chris geht es der Mehrheit der Menschen, die am Bore-out „entlangschrammen" oder längst daran erkrankt sind. Die Quantität ist gar nicht das Problem – die Arbeit müsste nicht mehr oder weniger, sondern anders sein.

Je stärker die Stressreaktion, desto enger wird der Blickwinkel: Ein Symptom sowohl des beginnenden Burn-out als auch des beginnenden Bore-out ist, das man sich zunehmend ausgeliefert fühlt. Die subjektiv erlebten Möglichkeiten, das eigene Leben zu steuern, werden immer geringer. Das Gefühl, ein fast bedeutungsloses Rädchen im Getriebe zu sein, lähmt die Kreativität.

Mir liegt es fern, angesichts der schwierigen Lage auf dem Arbeitsmarkt und des wachsenden wirtschaftlichen Drucks, dem sich viele Unternehmen ausgesetzt sehen, eine einfache Lösung vorzuschlagen. Doch der Teufelskreis sieht leider so aus: Bore-out durch ständige Unterforderung verursacht einen Tunnelblick und lähmt die Kreativität. Das führt zu erlebter Hilflosigkeit, zu einseitigen Lösungsversuchen, zu Resignation, zu seelischen Störungen. Diese Einengung der Wahrnehmung führt zu mehr Stress, mehr Stress führt zu Depression. In anderen Worten: Wenn das Leben nur noch nervt, kann der Kopf schlecht Visionen entwickeln. Das macht das Leben noch nerviger. Was hilft?

Eigene Begabungen entfalten

Um aus dieser Schleife herauszukommen oder besser: um gar nicht erst hineinzugeraten, ist ein gutes Gespür für die eigenen Begabungen, Stärken und Schwächen unerlässlich. Was tue ich gerne? Wovor graut mir? Was fällt mir leicht? Was kostet viel Kraft?

So einfach es klingt – es ist gar nicht selbstverständlich, dass Menschen ein gutes Gefühl für ihre eigenen Stärken, Neigungen und Begabungen haben. Oft gibt es ein Aha-Erlebnis, wenn man eine Zeit lang ein tägliches Journal führt und systematisch beobachtet, was heute Freude gemacht hat und wo man sich überwinden musste. Manchmal sind alte Zuschreibungen („Du kannst kein Mathe") sehr zäh und versperren Wege, die gut zu gehen wären. Manchmal gibt es auch die unbewusste Einstellung: Nur was mühsam ist, ist richtige Arbeit. Also hat man Schuldgefühle, wenn man für etwas bezahlt wird, was einem Spaß macht ... Die Liste ließe sich verlängern.

Testverfahren zur Beschreibung von Stärken und Schwächen können helfen, sich selbst besser kennenzulernen. Natürlich auch professionelle Beratung, Supervision oder Coaching – am besten nicht erst dann, wenn es nicht mehr anders geht.

Das Steuer selbst in die Hand nehmen

Es gibt sie, die unglücklichen Menschen, die ein Zahnrädchen im Getriebe sind und tatsächlich nichts bis wenig verändern können. Die meisten, die ihr Leben nicht selbst leben, sondern sich fremdgesteuert leben lassen, tun das aber aus Angst. Angst vor Fehlern aufgrund von Perfektionismus oder weil sie gelernt haben, andere machen zu lassen. Sie gehen auf Nummer sicher, weil sie unsicher sind, oder haben ihr kreatives Potential nicht entfaltet, weil sie dabei nie gefördert wurden. Es sind also die inneren Einstellungen, die aus Herausforderungen schnell eine Überforderung machen. Wer keine Fehler riskiert, wird jeder neuen Situation mit Ängsten begegnen. Von Henry Ford wird berichtet, dass man ihn gefragt habe, wie man ein so erfolgreicher Unternehmer würde. Seine Antwort: „Verdoppeln Sie Ihre Fehlerquote!" – Ob Martin Luther mit seinem „Pecca fortiter!" („Sündige tapfer!") etwas Ähnliches gemeint hat, nämlich, dass durch das Evangelium befreite Menschen lieber die Gefahr eingehen sollten, etwas Falsches zu tun als gar nichts?

Selbststeuerungsmöglichkeiten zu entdecken, heißt, einen eigenen Weg zu finden und nicht immer den ausgetretenen Trampelpfaden zu folgen.

Sinn finden

Ein Stressor, der bei sinnvollen Aufgaben unvermeidlich ist, wirkt viel weniger stressig als ein sinnloser, nerviger Reiz. Vergleichen Sie den inneren Stress, der sich bei Ihnen entwickelt, wenn

a) nachts um zwei aus der Garage des Nachbarn lautes Rrr-rennn-ten-ten-ten-ten erschallt, weil der 15-jährige Sohn die Umwelt wissen lässt, dass er ein neues Mofa besitzt, mit dem Stress, den Sie innerlich erleben, wenn Sie

b) nachts um zwei Ihr fieberkrankes, weinendes Kind durch die Wohnung tragen, um es zu beruhigen.

Wobei geht Ihr Puls höher? Wenn der Frust sinnvoll ist, halten wir ihn viel besser aus. Die Hochspannung, wenn das Ergebnis eines wichtigen Projektes kurz bevorsteht, ist nun mal besser auszuhalten als das gelangweilte Stehen in einer Warteschlange im Arbeits- oder Sozialamt. Was sinnvoll ist, macht zufrieden. Allerdings streben sehr viele Menschen nicht nach Zielen, die sinnvoll sind, sondern reiben sich für Ziele auf, die – so zeigt die Forschung – nicht zufrieden und glücklich machen. Und, ganz überraschend: Das, was wir uns am häufigsten wünschen, macht auch nicht zufrieden: Gesundheit. Studien mit an Krebs, Rheuma, Aids oder Diabetes schwer erkrankten Menschen zeigen, dass diese Menschen mit ihrer Krankheit ein ebenso zufriedenes Leben führen wie andere. Manche zeigen sogar eine höhere Lebenszufriedenheit – allerdings nicht, weil sie krank sind, sondern weil die Krankheit sie dazu gebracht hat, einige der Dinge zu tun, die wirklich zufrieden machen: anderen helfen, freundschaftliche Kontakte pflegen, in funktionierende Liebesbeziehungen investieren, Dinge tun, die man gut kann. Und vor allem: innere Einstellungen wie Dankbarkeit, Optimismus und Vergebungsbereitschaft entwickeln. Wer nach diesen Zielen strebt, erreicht sie meistens. Es gibt sogar Arbeitslose, denen es gelingt. Was nicht heißt, dass Besitz, Gesundheit oder Bildung nicht auch erstrebenswert wären. Aber sie sollten eher Nebenprodukte des Strebens nach sinnvoller Aktivität, guten Beziehungen und einem „Herz am rechten Fleck" sein.

Dem Körper Gutes tun

Neben den bereits genannten seelischen Aspekten der Stressbewältigung spielt der Körper eine wichtige Rolle. Ein ungesunder Schlafrhythmus (z. B. „bis in die Puppen" vor dem Fernseher sitzen und dann in den Morgen hinein schlafen), falsche Ernährung, Bewegungsmangel und fehlende Entspannung sind die Faktoren, die aus Stress Krankheiten machen. Dabei muss man wahrlich kein Gesundheitsfanatiker, Rohköstler, Sportler oder Meditationsmeister sein, um wirksam vorzubeugen. Im Gegenteil: Wer es übertreibt – egal was –, lebt kürzer. In der Regel reicht es aus, wenn man genussvoll und vielseitig isst, dreimal in der Woche den Puls ein halbe Stunde lang auf 130 bringt, den regelmäßigen kurzen Mittagsschlaf oder gute Pausengewohnheiten pflegt – und den Ausschaltknopf des Fernsehers vor Mitternacht findet.

Fazit: Arbeitslosigkeit oder Unterbeschäftigung sind wahrscheinlich die anstrengendsten „Berufe", die es gibt. Betroffene brauchen oft Hilfe. Ein bisschen Mitleid oder eine ebenfalls unterfordernde ehrenamtliche Aufgabe helfen nicht. Hoffnung entwickeln, Visionen entfalten, Begabungen fördern, Sinnvolles tun, einen Rhythmus von Arbeit und Entspannung finden, dazu Strukturen für Nähe und Distanz in Beziehungen – das sind Faktoren des Glücks, die für unterforderte Menschen möglich, aber extrem schwierig zu verwirklichen sind.

CLAUDIA FILKER (HG.)

IHR HABT GEDACHT, ICH SCHAFF ES NICHT

Frauen erzählen, wie
alles ganz anders kam.
Nämlich viel besser.

aussaat

Frauen erzählen, wie alles ganz anders kam

Abgestempelt, festgefahren, in der Sackgasse – Menschen bekommen
schnell ein Etikett verpasst. Aber das Leben schert sich nicht um unsere
Vorhersagen, sondern ist immer wieder für Überraschungen gut.
Davon erzählen die Frauen in diesem Buch. Bewegend!

Claudia Filker (Hg.)
Ihr habt gedacht, ich schaff es nicht
Frauen erzählen, wie alles ganz anders kam. Nämlich viel besser.
kartoniert, 128 Seiten
ISBN 978-3-7615-5691-7

In der Lebensmitte neu durchstarten

Frauen erzählen, wie sie in der Lebensmitte neu durchstarten. Freiwillig
oder unfreiwillig beginnt für etliche von ihnen noch mal etwas völlig
Neues. Und sie entdecken: Das Leben ist lebenswert.

Claudia Filker (Hg.)
Entfalten statt liften
Frauen erzählen vom Leben ab 50
kartoniert, 142 Seiten, ISBN 978-3-7615-5567-5

neukirchener
aussaat

Mutmachgeschichten, die bewegen

Was zwölf Frauen hier erzählen, macht Mut. Sie haben erlebt, welche Veränderung mit Gott im Rücken und ermutigenden Begegnungen möglich sind.

Claudia Filker (Hg.)
Mit dem Wind im Rücken
Mutmachgeschichten für Frauen
kartoniert, 128 Seiten
ISBN 978-3-7615-5298-8

Die Frauen in diesem Buch erzählen von ihren Ängsten und Zweifeln, als die Wellen über ihnen zusammenschlugen, und von der Stimme im Wind, die sie ans rettende Ufer brachte.

Claudia Filker (Hg.)
Ich habe gelernt, auf dem Wasser zu gehen
Neue Mutmachgeschichten für Frauen
kartoniert, 128 Seiten
ISBN 978-3-7615-5391-6